PADRE Y MADRE EN LA SOCIEDAD *WOKE*

MARÍA CALVO

PADRE Y MADRE EN LA SOCIEDAD *WOKE*

EDICIONES RIALP
MADRID

Preimpresión: www.produccioneditorial.com

ISBN (edición impresa): 978-84-321-7023-2
ISBN (edición digital): 978-84-321-7024-9
ISBN (edición bajo demanda): 978-84-321-7025-6
ISNI: 0000 0001 0725 313X
Depósito legal: M-6516-2025

Impreso en España   *Printed in Spain*
               Anzos, S. L. - Fuenlabrada (Madrid)

ÍNDICE

¿QUÉ ES UNA MUJER?
¿QUÉ ES UN VARÓN?

LA PREGUNTA "¿Qué es ser varón? ¿Qué es ser mujer?" debería tener, como siempre ha sido, una respuesta sencilla, basada en la razón y la ciencia, sin perder de vista el aspecto trascendente. Sin embargo, en la actualidad, aunque parezca delirante, estas cuestiones no reciben una respuesta exacta, sino que, en esta sociedad líquida hipermoderna (Bauman, Lipovetsky) son conceptos subjetivizados, basados en emociones y sentimientos confusos e inmaduros.

Estamos experimentando una mutación antropológica, una alteración de nuestros principales códigos simbólicos, se ha establecido una nueva metafísica, una nueva ética sobre bases irracionales que ha sido impuesta por medio incluso de leyes y normas jurídicas, utilizando un lenguaje performativo, teatralizado y manipulador que hace parecer atractivo lo que es destructivo para el ser humano, y progresista lo que realmente es regresivo y bárbaro.

A este punto hemos llegado tras un proceso histórico social en el que se han ido eliminando y desconfigurando las tres dimensiones esenciales del ser humano, mujer y varón: la dimensión física (biología y naturaleza), la intelectual (racionalidad) y la espiritual (trascendencia); elaboradas a lo largo de siglos y que constituyen la base de nuestra civilización occidental —la cultura clásica griega, el derecho romano y la tradición judeocristiana— que hoy resulta despreciada e ignorada.

El reto que presenta el conocimiento de lo que en profundidad es lo masculino y lo femenino y cuál es su enclave ontológico se inscribe en una vieja inquietud humana que ya constaba en el oráculo de Delfos: «Conócete a ti mismo». Este aforismo adquiere hoy una urgencia incuestionable, pues si no nos conocemos, no podemos aceptarnos (con todas nuestras imperfecciones, carencias y debilidades), si no nos aceptamos no podemos amarnos y cuando no nos amamos tampoco podemos respetarnos.

Como afirmaba santo Tomás de Aquino: solo si me amo a mí mismo puedo resistir a aquellos que podrían destruirme.

"¿Quién soy yo?" es el «aullido emocional» más extendido en la sociedad actual (M. Eberstadt, 2020). Estamos sufriendo una crisis de identidad personal sin precedentes. La mujer y el hombre buscan desesperadamente su autocomprensión existencial sin tener las herramientas precisas para lograr una respuesta satisfactoria. La incapacidad de dar respuesta a esta pregunta, el desconocimiento de uno mismo, supone, como afirma Schlatter, un factor de riesgo capaz de conducirnos a un fracaso existencial (2019). Para Han, existe una relación excesivamente tensa, sobreexcitada y narcisista del ser humano consigo mismo que acaba asumiendo rasgos destructivos (B-Chul Han, 2023).

Nos hallamos en un momento histórico en el que expresiones como hombre, mujer, padre, madre, han perdido su sentido teleológico-antropológico y se encuentran vacías de contenido, borradas por una idea de identidad absoluta e intercambiabilidad entre los sexos que lo inunda todo, desde la educación en las escuelas, hasta el contenido de las leyes.

Estamos ante una revolución silenciosa, des-estructuradora de la identidad personal, cuya meta es llegar a una sociedad sin diferencias sexuales, sin límites y sin vínculos (especialmente sin vínculos familiares), por medio de la deconstrucción del lenguaje, las relaciones familiares, la reproducción, la sexualidad y la educación.

El intento de vivir sin una identidad, femenina o masculina, está provocando frustración, desesperación e infelicidad entre muchas mujeres y hombres incapaces de ir en contra de su propia esencia. La crisis de identidad es el problema más grave de la sociedad contemporánea. En estas circunstancias, podemos decir que, no es el matrimonio, la familia o la sociedad lo que está en crisis, sino la vida misma. Estamos presenciando una crisis de la vida humana, una crisis de identidad, una crisis del hombre; cuya repercusión en el ámbito social, político, administrativo, educativo, es patente. La problemática principal en la cultura contemporánea es la problemática antropológica, es decir, la idea del hombre, la definición del hombre. Se ignoran y desprecian las verdades antropológicas esenciales, y sobre todo se ha perdido la idea de una verdad sobre el hombre, cuya psicología se muestra fragmentada e impulsiva, carente de todo vínculo social. Sin verdad, enfermamos (R. Guardini, 2023).

La verdad sobre la cuestión del hombre se ha transformado en un tabú de la cultura contemporánea moderna que es incapaz de dar una respuesta a esta pregunta antropológica que no sea relativista. «La nuestra es una época en que más se ha escrito y hablado sobre el hombre, la época de los humanismos y del antropocentrismo. Sin embargo, paradójicamente, es también la época de las más hondas angustias del hombre respecto de su identidad y destino, del rebajamiento del hombre a niveles antes insospechados, época de valores humanos conculcados como jamás lo fueron antes» (Juan Pablo II, 1979).

Sin una transmisión y una educación sustentada en realidades objetivas, las jóvenes generaciones se encuentran cada vez más enfrentadas a una crisis de interioridad e identidad que no saben cómo llenar. En contra del relativismo antropológico contemporáneo, cualquier educación debería presuponer una respuesta a la pregunta: «¿qué es el hombre?».

Esta imposibilidad de responder a la pregunta del ser humano, mujer y varón, esta desaparición histórica del ideal del hombre, verdadero crepúsculo, es la causa principal de la crisis actual que no es ni una crisis sociológica, ni una crisis pedagógica, sino una crisis metafísica, de la que solamente se puede salir mediante una reconstrucción de la idea racional del hombre (R. Redeker, 2019). Se trata de una crisis de civilización.

A partir de la revolución del 68 (fuertemente cimentada sobre las ideas del existencialismo ateo francés), el objetivo prioritario del feminismo extremista y desnaturalizado fue romper con el pasado de forma radical, acabar con el orden establecido, invertir la jerarquía generacional, familiar e interpersonal, eliminar toda forma de autoridad, erradicar los vínculos y, sobre todo, imponer el igualitarismo en todos los ámbitos de la vida, también en el sexual. Esta revolución implicó una mutación antropológica: mutación de la escala de valores; de las relaciones paterno-filiales; de la maternidad hacia la autocomplacencia y de la paternidad hacia la invisibilidad; una mutación de la feminidad y masculinidad hacia la neutralidad y la pérdida de identidad. Una «revuelta metafísica que condujo a la inversión de la jerarquía de los valores» (A. Von Hildebrand, 2022), así como de las ubicaciones y prerrogativas de ambos padres.

Durante las siguientes décadas, la sociedad ha ido perdiendo sus dimensiones universales y sus fundamentos antropológicos y las tendencias descritas han permeado las leyes y han contribuido a organizar la sociedad sobre la confusión y la inmadurez. Mujeres que se sienten víctimas, varones con miedo a ser hombres. Las mujeres han logrado una igualdad, al menos formal, al precio de masculinizarse, perder su feminidad y renunciar a la maternidad. Y los hombres se avergüenzan de una masculinidad que hoy es despreciada por una sociedad que prefiere los modelos femeninos de conducta y comportamiento.

Sin naturaleza, renegamos de nuestra propia esencia —aquello que, como decía Aristóteles, nos hace ser lo que somos— y resulta imposible un conocimiento certero y ajustado de quienes somos. Sin racionalidad, nos movemos por impulsos, incapacitados para una reflexión razonada acerca de nuestra identidad y para el análisis crítico de las ideologías que nos tratan de imponer. Sin trascendencia, caemos en la idolatría del yo autorreferencial y nos sentimos perdidos. La mujer y el varón no saben quiénes son, ni cuál es el sentido de su vida. Hemos perdido el verdadero significado de nuestras acciones.

PÉRDIDA DE NATURALEZA.
MUJER Y VARÓN DESNATURALIZADOS

LA NEUTRALIDAD SEXUAL ha alcanzado en los últimos años su punto álgido con la implantación generalizada de la denominada ideología de género. La palabra «sexo» ha resultado sustituida con sutilidad por la expresión «género», actualmente enclavada en el discurso social y político contemporáneo, integrada en la planificación conceptual, en el lenguaje, en los documentos y también en las normas legales. Sin embargo, tras este aparente desliz gramatical existe una intencionada finalidad política de ingeniería social meticulosamente premeditada. Algo que no es nuevo, pues, como señaló Lewis, en *La abolición del hombre*, la invención de ideologías llega a afectar incluso a nuestro lenguaje, ocultando el verdadero significado de lo que hay en juego.

En este caso, la intención oculta sería el intento de un cambio cultural gradual, la denominada «deconstrucción» de la sociedad, por medio de la destrucción de la bipolaridad entre los sexos y la proclamación de la inexistencia de masculinidad y feminidad, en beneficio de una neutralidad absoluta en todos los planos de nuestra vida, privada y pública. Se trata de un proyecto global planificado, científica y sistemáticamente. Una obra de ingeniería social que nos conduce a rediseñar al ser humano hacia un modelo de persona andrógina, lo que podría llevar al colapso del ecosistema humano. Para ello se utiliza un lenguaje ambiguo que hace parecer razonables los nuevos presupuestos éticos planteados incluso en las leyes, que a su vez beben de las iniciativas y pautas marcadas por organismos internacionales como Naciones Unidas, erigida en la nueva autoridad moral de la globalización. Se niega la biología, la existencia de un varón y una mujer naturales, se niega que el sexo sea constitutivo de la persona. En definitiva, se trata de erradicar la alteridad sexual, que es el fundamento antropológico esencial del ser humano.

Ser mujer, ser varón, nuestra identidad y orientación sexual, sería sencillamente un sentimiento, dependería de nuestra propia voluntad, una elección libre y subjetiva, cambiante y fluctuante a lo largo de la vida. La consecuencia es la desprotección de la persona, como hombre y como mujer, con sus específicas características, inquietudes, prioridades, necesidades y exigencias vitales; lo que supone un atentado contra la ecología humana.

Las leyes que favorecen lo indiferenciado, destruyen la base antropológica sobre la que se asienta nuestra sociedad. En esta situación, nos vemos obligados a defendernos frente a la propia ley que ha perdido su dimensión universal y que confunde la verdad objetiva con la verdad individual y subjetiva. El Estado no puede erigirse en poseedor del sentido último. No puede imponer una ideología global, ni una religión (tampoco laica), ni un pensamiento único. Y el Derecho no puede ignorar las verdades antropológicas y científicas elementales (sobre la alteridad sexual). Pues, como señala acertadamente Sánchez-Ostiz, no respetar la lógica da lugar a enunciados insostenibles (*ex falso sequitur quodlibet*); construir conceptos normativos de espaldas a la ciencia da pie a enunciados disfuncionales y anacrónicos.

Los ingenieros sociales, a través del lenguaje performativo, que es en realidad un ejercicio de manipulación semántica, han adquirido sobre el mundo, especialmente sobre los jóvenes, un enorme poder. El nuevo lenguaje normativo socava las resistencias morales personales, sin darnos cuenta de ello. La meta consiste en «reconstruir» un mundo nuevo y arbitrario que incluye, junto al masculino y al femenino, también otros géneros en el modo de configurar la vida humana y las relaciones interpersonales.

El sexo sería de orden «natural», genético, biológico, anatómico, fisiológico, cromosómico, hormonal, «material», y por tanto no intercambiable (excepto por intervención quirúrgica). Sería, en la jerga de la nueva ética neomarxista, el producto de «la reproducción biológica». Por otra parte, el género sería elaborado social y culturalmente de manera convencional y, por tanto, cambiable, inestable, fluido, transitorio, variable, no solo según las épocas y culturas, sino también y sobre todo según las elecciones individuales y colectivas que a su vez se sostienen únicamente en sentimientos, emociones y deseos autorreferenciales que resultan incuestionables.

En sus orígenes, la dirección ideológica de este movimiento debemos atribuirla básicamente a Simone de Beauvoir, en cuya obra, *El segundo sexo* (1949), con una enorme difusión en la sociedad del momento, y más tarde en los movimientos feministas de los años setenta profundamente emparentados con la «revolución sexual», mantenía de forma radical, que la mujer (y, en consecuencia, el varón) «no nace, sino que se hace».

Es también innegable la influencia ejercida por diversas teorías marxistas y estructuralistas, como las proporcionadas por Friedrich Engels, quien predicó la unión de feminismo y marxismo y en cuyo libro *El origen de la familia, la propiedad privada y el Estado*, escrito en 1884, señalaba: «El primer antagonismo de clases de la historia coincide con el desarrollo del antagonismo entre el hombre y la mujer unidos en matrimonio monógamo, y la primera opresión de una clase por otra, con la del sexo femenino por el masculino».

Podemos percibir asimismo atisbos de un cierto neo-marxismo al considerar que el género significa la pertenencia a una clase, y toda clase presupone una desigualdad. En ese sentido, la feminista Shulamith Firestone afirmaba: «...la eliminación de las clases sexuales requiere que la clase subyugada (las mujeres) se alce en revolución y se apodere del control de la reproducción; se restaure a la mujer la propiedad sobre sus propios cuerpos, como también el control femenino de la fertilidad humana, incluyendo tanto las nuevas tecnologías como todas las instituciones sociales de nacimiento y cuidado de niños. Y así como la meta final de la revolución socialista era no solo acabar con el privilegio de la clase económica, sino con la distinción misma entre clases económicas, la meta definitiva de la revolución feminista debe ser igualmente —a diferencia del primer movimiento feminista— no simplemente acabar con el privilegio masculino sino con la distinción de sexos misma: las diferencias genitales entre los seres humanos ya no importarían culturalmente».

Herbert Marcuse (1898-1979), con su invitación a experimentar todo tipo de situaciones sexuales, fue otra de sus fuentes de inspiración.

Por su parte, Robert Stoller, en su obra, *Sex and gender* (1968) mantenía que «... el vocablo género no tiene un significado biológico, sino psicológico y cultural. Los términos que mejor corresponden al sexo son macho y hembra, mientras que los que mejor califican al género son masculino y femenino, y estos pueden llegar a ser independientes del sexo biológico».

El género es, pues, un campo de exploración aparentemente sin límites y en constante cambio. Se puede hacer y deshacer sin encontrar nunca su lugar, pasarse la vida construyéndolo, eliminándolo, reconstruyéndolo sin comprometerse nunca, para acabar en ninguna parte. El nuevo concepto que constituye el género es una noción variable determinada por el deseo de cada cual. Ahora, cada individuo es portador de una identidad —llamada de género— a la vez sexuada y sexual, que queda librada, de hecho, a su exclusiva apreciación personal. Por lo demás, corresponderá a la medicina con la correspondiente cobertura legal, conceder a cada cual el sexo que desea, tanto en su apariencia como en su nominación.

La manipulación de la naturaleza, que hoy deploramos por lo que se refiere al medioambiente, se convierte aquí en la opción de fondo del hombre respecto a sí mismo. En la actualidad, existe solo el hombre en abstracto, que después elige para sí mismo, autónomamente, una u otra cosa como naturaleza suya. Se niega a mujeres y varones su exigencia creacional de ser formas de la persona humana que se integran mutuamente.

Todo es permitido a la libertad individual y todo se hace posible por la técnica, también aplicada al cuerpo humano. Esto que parece el culmen de la libertad no es más que el sometimiento voluntario a un poder que se pretende omnímodo. Es el imperio de la técnica. Ya no se trata solo del relativismo, es la entronización del nihilismo. Con estos presupuestos, uno puede definir su orientación sexual, prescindiendo del lenguaje del cuerpo. Es más, puede construir y definir su cuerpo con la ayuda de la técnica. El horizonte final es el posthumanismo o transhumanismo.

Los ideólogos de género presuponen que ambos sexos son idénticos —abstracción hecha de sus diferencias corporales externas— y que la feminidad y masculinidad son construcciones sociales, productos de la imposición durante décadas de la cultura y la educación, que es preciso eliminar por completo para garantizar una verdadera igualdad en todos los planos de la vida, incluido el reproductivo y biológico. Con tal fin, se desprecia la maternidad y, en consecuencia, se desestabiliza la familia como institución social.

Consideran los ideólogos que el ser hombre-el ser mujer, en el sentido de la propia configuración personal, es y debe ser exclusivamente fruto de la libertad que, en la proyección de esta configuración, no tiene ninguna referencia «natural». La única instancia competente que responde a esta pregunta: «quién es el hombre - quién es la mujer», «qué sentido tiene el ser hombre - el ser mujer», es la libertad de la persona dominada por sus impulsos e instintos. Si el ser-varón o el ser-mujer no gozan de un sentido real u objetivo, sino que poseen el significado que cada cual les atribuye, no se ve porqué debe llamarse matrimonio únicamente a la unión entre un varón y una mujer. Se niega a priori la existencia de diferencias naturales, cualquier diferencia se atribuye a pautas culturales, «de género», impuestas por la sociedad y que siempre han constituido un lastre para la emancipación de la mujer, por lo que deben ser superadas.

En esta línea, Judith Butler, una de las principales impulsoras de esta ideología, invita a comprender el género como una categoría histórica y a concebirlo como una forma cultural de configurar el cuerpo, abierta siempre a su constante reforma. Desde su perspectiva, la «anatomía» y el «sexo» solo existen dentro de un marco cultural. Para Butler el género no constituye una esencia: es un producto, un efecto que se fabrica a través de una serie ininterrumpida de actos. La «performatividad» constituye una repetición y un ritual constantes que terminan naturalizando el género.

En definitiva, para la ideología de género no existe más una naturaleza humana. La naturaleza ha sido culturizada, se ha convertido en cultura, y las adquisiciones culturales son ahora lo natural, de modo que hay una especie de intercambio entre naturaleza y cultura por el cual la naturaleza queda vaciada en la cultura y la cultura, en este caso lo que uno siente íntimamente, es natural.

Sin embargo, la ciencia (en especial la neurociencia con las nuevas tecnologías de la imagen) nos permite afirmar certeramente que la alteridad sexual, basada en un dimorfismo sexual natural, existe y está científicamente comprobada, siendo incuestionable. Con una rigurosa base científica podemos afirmar tajantemente que somos varones o mujeres incluso desde antes de nacer (aproximadamente en la octava semana de gestación), que la feminidad y la masculinidad impregnan cada una de las células de nuestro cuerpo y que esto va a afectar a nuestra forma de vivir y muy especialmente a nuestra manera de ejercer la paternidad y la maternidad. Siendo pues, la alteridad sexual y los diferentes estilos, femenino maternal y masculino paternal, esenciales en el equilibrado desarrollo de la personalidad de nuestros hijos. La cantidad de evidencia acumulada durante décadas en laboratorios independientes nos lleva a creer que sí existen unas diferencias esenciales que tienen que ser tratadas. La idea de que esas diferencias son de origen cultural es en la actualidad demasiado simplista y está anticuada. Para la neuróloga María Gudín «la persona humana es hombre o mujer, y lleva inscrita esa condición en todo su ser. Cada célula, órgano y función son sexuados. También nuestro psiquismo. Y esto va a afectar al comportamiento de cada ser humano» (M. Gudín, 2001).

Como afirma Brizendine, neuropsiquiatra de la Universidad de Columbia: «No existe un cerebro unisex. Si en nombre de la corrección política intentamos refutar la influencia de la biología en el cerebro, empezaremos a combatir nuestra propia naturaleza» (L. Brizendine, 2007; 2010).

En definitiva, la diferencia sexual es un dato constitutivo del ser humano, que se conjuga en la vida como persona-varón o como persona-mujer. Es por lo tanto la diferenciación sexual claramente marcada por las palabras padre y madre la que inscribe al niño en el orden de las generaciones. Cuando la ciencia ignora los hechos a favor de la ideología, deja de ser ciencia y se convierte en propaganda para un dogma.

PÉRDIDA DE RACIONALIDAD.
MUJER Y VARÓN DESHUMANIZADOS.

La pérdida de naturaleza del ser humano expuesta va inescindiblemente unida a la pérdida de racionalidad, pues la identidad sexual es ahora un mero sentimiento susceptible de innumerables cambios.

Este es otro fenómeno delirante propio de la hipermodernidad: la anulación de la razón, olvidando cómo, desde los inicios de nuestra civilización, los grandes pensadores clásicos nos instaban a su uso para templar las pasiones y, por lo tanto, humanizarnos y diferenciarnos de los animales. Sin embargo, hoy se han sublimado los deseos, las emociones, los sentimientos; dejando la ética —entendida en el sentido clásico de doctrina de la vida recta— degradada a «ciencia melancólica»

(Habermas, 2001). Hoy vivimos la cultura de las pasiones.

Ensalzando los deseos como pauta de comportamiento y desechando la razón, el ser humano se vuelve autorreferencial y hedonista; confundimos bien con placer. Y al mismo tiempo esto nos conduce al utilitarismo en las relaciones interpersonales; te acepto en la medida en que me generes placer o sensaciones agradables, y te deshecho en el momento en que tales sensaciones desaparezcan. Consumimos personas.

La muerte de la razón implica necesariamente la muerte del derecho tal y como lo habíamos conocido hasta ahora: el uso de la razón para la consecución del bien común, en palabras de santo Tomás de Aquino. Actualmente, sin embargo, «mi deseo es la Ley» (G. Puppinck, 2020). Y así, los deseos autorreferenciales y narcisistas se convierten en derechos. Por ejemplo, al deseo de no tener un hijo correspondería un derecho al aborto, o al deseo de tener un hijo, aunque sea en soledad (sin sexo, sin amor, sin compromiso), correspondería el derecho al hijo (por ejemplo, por medio de técnicas de reproducción asistida o mediante vientres de alquiler). Al deseo de no vivir, correspondería el derecho al suicidio asistido. Y al deseo a no sufrir, el derecho a la eutanasia.

La libertad queda convertida en dar rienda suelta a mis impulsos y deseos. Ya no es algo propio de la voluntad racional. No es algo que tiene que ver con las inclinaciones naturales a la verdad y al bien, con la naturaleza propia del ser humano que es varón o mujer, sino que es dejarme llevar por mis instintos. Y la felicidad queda reducida al placer sexual desinhibido. De este modo, el ser humano pierde su libre albedrío pues queda esclavizado por las pulsiones más básicas de su instinto sexual. La idea convertida en norma de que los deseos «reprimidos» son fuente de patologías, alienta un modelo antropológico para el que la felicidad consiste en la satisfacción de todos los impulsos. «Este es el callejón sin salida de la soberbia autorreferencial del individuo, sin vínculos, normas y límites, alimentada por una cultura relativista y hedonista por la que los propios deseos pretenden ser convertidos en derechos, aunque se trate de crímenes abominables contra la vida como es el caso del aborto» (G. Carriquiry Lecour, 2012).

Es indudable, como afirma Heidegger, que la dimensión emocional es constitutiva de nuestra existencia, en el sentido de que la existencia siempre está emocionalmente coloreada, hasta el punto de que podemos decir que «la tonalidad emocional nos asalta». Los sentimientos son una parte tan esencial de la vida que impregna todo el flujo de la mente, y colorean con su propia calidad todo lo que tocan, cada acto del pensamiento. Por ello, «la inteligencia tiene que hacer uso de la mirada del sentir» (I. Mortari, 2022). Del mismo modo, señala Stein, la racionalidad debe ceñirse al «sentir interior». Pero el sentir no debe producirse en un estado de irreflexión. Las emociones, los sentimientos, los deseos, pueden ser irracionales cuando las convicciones en que se basan son falsas o injustificadas. Debemos tener entonces una «visión cognitiva de las emociones» para que los sentimientos no se tornen irracionales. El desorden en los sentimientos provoca desorden en la propia existencia (E. Stein, 1922).

Actualmente, actuar impulsivamente se considera sinónimo de libertad. Pero la impulsividad es reflejo de inmadurez afectiva, querer dejar al margen lo que me hace sufrir o sentirme mal (como escuchar el latido cardiaco del feto en el seno materno cuando la mujer se está planteando un posible aborto) a la mayor velocidad posible, «hacer *zapping* y pasar a otra cosa» (F. Hadjadj, 2020), a algo más agradable. Y así se nos pasa la vida y envejecemos sin llegar a madurar, infantilizados en cuerpos adultos.

Ninguna época ha exaltado como la nuestra el derecho democrático al goce sin inhibiciones ni restricciones. Estamos ante una especie de «naturalismo redivivo en el que la satisfacción sexual constituye la razón irrenunciable de la vida. Nuestra época ha emancipado el deseo de toda dialéctica moral. El derecho a un goce carente de vínculos, anónimo, compulsivo, instintivo y desinhibido. Sin embargo, la vida sexual de los seres humanos excede constitutivamente el esquematismo biológico del instinto» (M. Recalcati, 2023).

La libertad de elegir según el instinto es una contradicción en sus propios términos porque, por definición, el instinto no es libre: por eso es necesario acogerlo y escucharlo, pero también hay que integrarlo con la razón (M. Ceriotti, 2023).

La realidad es que el racionalismo es algo que «tenemos en la sangre de una manera mucho más profunda de la que creemos» (Scheler). La ley moral tiene su sede en la razón (B-Chul Han, 2022). La universalidad de la razón no es el lugar donde creyentes y no creyentes se separan, sino donde todo hombre de buena voluntad puede reencontrarse con los demás (H. Marín, 2013). Sin razón estamos incapacitados para ser seres virtuosos, pues, como afirmaba Cicerón: «La virtud es la disposición habitual del alma que la pone naturalmente de acuerdo con la razón».

Nos hallamos actualmente ante la sublimación de lo sensorial ligada a lo experimental. La vida solo merece la pena ser vivida si supone una concatenación de experiencias sensitivas y emocionantes intensas. Pero, al usar criterios emocionales en detrimento de los racionales, los proyectos carecen de base sólida, lo que provocará su desistimiento o fracaso en un corto plazo. La realidad debe adaptarse a mis emociones. La ley debe ceñirse a mis deseos, cuya satisfacción se convierte en un derecho inalienable. Todo es justificable sobre la base de mis sentimientos, que además suelen ser infantiles e inmaduros por la ausencia total del componente racional. Estamos presenciando un desbordamiento de la emoción subjetiva, una emotividad explosiva.

Al desechar la razón, nos deshumanizamos, nos acercamos a las bestias guiadas por meros estímulos sensitivos. Esta actitud generalizada en la sociedad actual mina paulatinamente las propias bases de nuestra civilización occidental pues, recordemos que Freud señalaba que la civilización comienza precisamente con el control de los impulsos (S. Freud, 1929). En el reino de las pulsiones, abandonamos la tribu y nos sumergimos en la horda salvaje. Las pulsiones y pasiones son siempre individualistas, por lo tanto, vividas como algo antisocial (R. Neuburger, 2020).

Movidos por impulsos, perdemos la libertad, pues, la cultura cristiana proyecta sobre un horizonte teológico la idea grecorromana de libertad como señorío de uno mismo (H. Marín, 2013). Estamos destruyendo la libertad en nombre de la libertad (G. Kuby, 2017).

Desde las mismas instancias públicas y políticas se está promoviendo una antropología del sujeto caprichoso mediante la masiva identificación de los deseos con necesidades/ derechos. Y quien experimenta sus deseos como si fueran necesidades está abocado a no poder mirar más allá de la imperativa necesidad de satisfacerlos como si de una cuestión de vida o muerte se tratase. En este modelo antropológico hay latente un infantilismo moral y psicológico con la consiguiente incapacidad para tolerar la frustración de los deseos (H. Marín, 2013).

Se ha glorificado la liberación del deseo. Lo que emociona se considera auténtico, seguir el propio instinto, sin dar cabida a la razón, se considera liberador. El «emotivismo» está en alza; corriente de pensamiento asentada durante la segunda mitad del siglo xx y que justifica cualquier decisión «si sale del corazón». Para el emotivista no hay nada más allá de su experiencia personal, ignorando absolutamente el efecto que su decisión pueda tener en terceros o en el ámbito público. El emotivista reclama su derecho a despreocuparse de los que le rodean.

Además, todo deseo individual asentado con rasgos de progreso no admite ninguna crítica racional, aunque provenga de datos científicos o de la experiencia empírica de expertos. En la hipermodernidad los deseos son todo lo que el individuo siente como favorable a su realización integral y, por consiguiente, a su felicidad.

El deseo es, antes que la razón, la expresión más directa y pura del espíritu individual. La tendencia a hacer primar el deseo sobre la razón mantiene al individuo en una actitud adolescente, pues aquel carece de límite natural y, revestido de principio de legitimidad, no puede ser puesto en tela de juicio. Los deseos, incluso los más irracionales, son intocables (G. Puppinck, 2020).

Actuando irracionalmente, perdemos la capacidad de amar, porque el amor es, al margen de los sentimientos: pensar en el otro antes que en uno mismo. Es ejercicio de la voluntad. Es querer querer. Es la realización del propósito de hacer feliz al otro, cueste lo que cueste, aunque mis sentimientos no acompañen y aunque tenga que luchar contra mis deseos autorreferenciales y egoístas.

Existe una gran diferencia entre el deseo autorreferencial y el amor. Como señala Bauman, mientras que el deseo es centrípeto y esclavizante, el amor es centrífugo y liberador (Z. Bauman, 2018). El deseo es autorreferencial, egoísta, narcisista e inmaduro y, además, como señala Recalcati, tiene esa característica un poco nihilista de llevarnos de un objeto a otro sin que ninguno logre satisfacer nuestras vidas, porque en el mito posmoderno de lo nuevo verificamos que la insatisfacción siempre es la misma (2018). Con una atormentante sensación de vacío, uno gira ya solo en torno a sí mismo. Sin embargo, el amor, el darse a uno mismo, el priorizar a los demás, genera felicidad y plenitud. En palabras de Rilke: «Amar es más bien una oportunidad, un motivo sublime, que se ofrece a cada individuo para madurar y llegar a ser algo en sí mismo; para volverse mundo, todo un mundo por amor a otro».

Ante esta situación, resulta urgente atender a la recomendación de Benedicto XVI y ser capaces de abrirnos sin miedo a «la amplitud de la razón» con el fin de experimentar la plenitud del amor.

PÉRDIDA DE TRASCENDENCIA.
LA IDOLATRÍA DEL YO

PARA EJERCER EL derecho a elegir, el individuo debe comprometerse, según la lógica del existencialismo ateo, en la negación de lo que existe fuera de sí mismo, lo que es dado, lo que ha sido creado, de todo aquello que Sartre, sin reconocer ni don ni creación, llama el «en sí mismo». El género es una manifestación contemporánea del superhombre de Nietzsche, del hombre que se hace Dios y que, a la manera de Dios, su palabra es creadora; quiere crear por el lenguaje una realidad que lo libera de la nada.

Hace tiempo que las imágenes religiosas y metafísicas del mundo perdieron su fuerza de vinculación general y que las enseñanzas de la tradición judeocristiana son desechadas en Occidente como algo trasnochado. Estamos presenciando una secularización incesante de la sociedad. Y la religión se ve como un lastre que ha torcido el progreso de los saberes (H. Marín, 2013).

Hemos perdido toda referencia a lo divino, a lo sagrado, a lo infinito, a lo superior, al misterio. La pérdida de creencias, que afecta no solo a Dios o al más allá, sino también a la realidad misma, hace que la vida humana se convierta en algo totalmente efímero. La vida nunca ha sido tan efímera como ahora (B-Chul Han, 2023).

Actualmente, que la fragilidad humana en los países desarrollados no es tan explícita, el ser humano ha dejado de experimentar la necesidad de Dios. El avance magnífico de la medicina y de la técnica, nos ha proporcionado una calidad de vida que, junto con la ocultación de la enfermedad y la muerte, nos ha permitido renunciar a creer en un ser superior a nosotros mismos, nos hemos liberado de las cadenas obsoletas que nos ataban a un pasado humillante y nos hemos emancipado del Creador. Pero quien ignora al Creador acaba olvidando a la criatura (R. Guardini). Además, un mundo sin Dios es un mundo despojado del calor vivificante de los antiguos símbolos.

La falta de trascendencia, no afecta solo al hombre en sí mismo sino a la entera sociedad, pues, como señala Onfrey, la potencia de una civilización casa siempre con la potencia de la religión que la legitima; la religión entendida, no tanto como práctica religiosa, sino como conjunto de ritos y costumbres, fiestas y concepto de lo sagrado que ha pasado de generación en generación. Cuando la religión está en fase ascendente, la civilización lo está igualmente; cuando se encuentra en fase descendente, la civilización decae; cuando la religión muere, la civilización fallece con ella (M. Onfrey, 2018).

El empeño por erradicar las raíces cristianas de la civilización occidental tiene en parte su base en la defensa de la alteridad sexual que el cristianismo propugna desde el propio Génesis. Así como en el papel prioritario que concede la Iglesia católica al matrimonio, el «sacramento grande» en palabras de San Pablo; siendo la propia relación de Cristo con la Iglesia una relación de carácter esponsal. Si el matrimonio es considerado un instrumento de opresión y subyugación de la mujer, es preciso pues acabar con las raíces cristianas que lo justifican y ensalzan.

Estamos viviendo lo que Hölderlin llamó «el tiempo de la indigencia», ese en el que los antiguos dioses han desaparecido y los venideros, si es que los hubiere, no han llegado todavía. Un tiempo en el que, habiendo perdido la conciencia de lo sagrado, peregrinamos hacia la nada.

Dejar de lado la búsqueda de nuestra propia trascendencia, significa arriesgarnos a que nuestra alma enferme tomando formas que «desertifican una existencia perdida» (I. Mortati, 2022).

La visión trascendente de la vida que poseía la mayor parte de la sociedad, creyente o no, permitía tener al menos una respuesta básica a la pregunta más extendida actualmente, ¿quién soy?: hijo de Dios. También los no creyentes se beneficiaban de la trascendencia o de las raíces cristianas pues, aun habiendo rechazado ideas y doctrinas metafísicas, seguían habitando en un mundo construido sobre la fe, un mundo de compromisos seguros, donde lo sagrado, lo prohibido y lo sacramental estaban ampliamente reconocidos y socialmente respaldados (R. Scruton, 2020).

Pero sin Dios no hay esperanza y sin esperanza no hay moral. Como decía Santo Tomás: «Por el acto de esperanza se siente inducido el hombre a la observancia de los preceptos». Liberados de Dios, el ser humano se malinterpreta, se desnorta, se vuelve incomprensible para sí mismo, cae en la idolatría del yo. Sin una vocación sobre una llamada que no viene de este mundo y que confiere a las cosas un valor eterno, el disgusto hacia la vida no deja de infiltrarse. El ser humano no puede entenderse partiendo de sí mismo. Pretender encontrar una respuesta desde la autorreferencialidad nos conduce a la absolutización del ser humano. La pregunta de la existencia "¿por qué soy quien soy?" solo puede responderse en relación con Dios. Ese es el alfa y omega de toda sabiduría. El rechazo a la arrogancia. La fidelidad a lo real. La limpieza y la decisión de ser lo que verdaderamente somos y, por lo tanto, la raíz del carácter. Como afirmaba Burggraf, somos más fuertes cuanto más somos nosotros mismos, cuando asumimos nuestra realidad.

En esa perspectiva de un hombre privado de su alma y, por tanto, de una relación personal con el Creador, todo lo que es técnicamente posible se convierte en moralmente lícito, cada experimento resulta aceptable, cada política demográfica consentida, cada manipulación legitimada (Benedicto XVI). Como decía Dostoievski, sin Dios, todo está permitido. Y en relación con la mujer, esta omnipotencia adquiere tintes dramáticos, en la medida en que planea sobre ella el fantasma de apropiación de la vida. La técnica y el derecho le permiten decidir si traer vida al mundo o no; cuándo traer vida (incluso sin capacidad generativa); cómo traer vida (sin sexo, sin amor, sin cuerpo, sin padre). Resulta posible la búsqueda del hijo perfecto (sin taras ni defectos, sin enfermedades ni discapacidades). Pero la belleza de la maternidad no se encuentra en la búsqueda del hijo ideal, sino en traer vida al mundo, cuando venga (como un don, una sorpresa, un regalo inédito e inesperado) y como venga, con todos sus defectos e imperfecciones que son manifestaciones de originalidad de la vida y nos humanizan.

PÉRDIDA DE LA ESENCIA MASCULINA Y DESCULTURIZACIÓN DE LA PATERNIDAD

EL HOMBRE EN EL GINECEO

A finales del siglo xx entramos en la era posmoderna, caracterizada por su desconfianza hacia los grandes relatos y por exigencias cada vez más sectoriales. Surgen entonces con fuerza las denominadas «políticas identitarias» que atomizan la sociedad en razón del sexo o género, la raza y la orientación sexual y que, en palabras del biólogo Richard Dawkins, constituyen uno de los peores males de nuestra época pues fragmentan la sociedad de una forma esterilizante. Su deseo no es pacificar y unir, sino inflamar y dividir; no es la convivencia armónica, sino el enfrentamiento incendiario.

Parten de la premisa de que estas características son los principales (acaso los únicos) atributos que posee el individuo y que llevan aparejado algún tipo de valor añadido. Se presupone, por ejemplo, que el ser mujer comporta una «superioridad moral» frente a los varones, que simplemente tienen un «menor valor social». Las políticas identitarias —la denominada ideología *woke*— han dado lugar a un movimiento que ya no busca la igualdad, sino lo que llaman justicia, que es en realidad venganza por los «errores» de siglos pasados y exigen una expiación colectiva del varón que consiste en su transformación en modelos femeninos de lo masculino. Estamos ante lo que el poeta norteamericano Robert Bly denominó el «varón suave» (R. Bly, 1990):

«En los setenta, empecé a detectar por todo el país un fenómeno que podríamos denominar "el varón suave". Su forma de ser y su estilo de vida denotan una actitud amable hacia la vida. Pero muchos de estos varones no son felices. Uno nota rápidamente que les falta energía. Preservan la vida, pero no la generan. Y lo irónico es que a menudo se les ve acompañados de mujeres fuertes que definitivamente irradian energía. Nos encontramos ante un joven de fina sensibilidad, partidario de la total armonía del universo y, sin embargo, con poca vitalidad que ofrecer. La mujer fuerte o generadora de vida que se graduó en los sesenta, por decirlo así, o que heredó un espíritu más viejo, desempeñó un papel importante en la creación de este hombre preservador, que no generador, de vida».

El varón experimenta así una cosificación y debe someterse a un arquetipo, a un marco de actuación si quiere ser aceptado socialmente. Se trata de desarrollar hasta el extremo su faceta tierna; se le exige que sea cariñoso, empático, emotivo y sensible. Pero de ninguna manera puede expresar atributos propios del pasado, relacionados con la biología, sobre los que se asentaba la fortaleza masculina, pues se consideran «tóxicos». El varón ya no está autorizado a conceder protección y seguridad a los que le rodean, especialmente a las mujeres, porque esto se considera una manifestación de supremacía masculina que esconde un deseo de someter al sexo femenino. Se ignora y se desprecia de este modo el papel fundamental del hombre en la defensa de la familia y la sociedad en general con todo lo bueno que ha aportado durante siglos y que puede seguir aportando.

El feminismo radical, antimasculino y revanchista, presume que el hombre, por el hecho de ser hombre, es peligroso, violento, perjudicial e inútil en todo lo que tenga que ver con la crianza de los hijos, las labores del hogar y el ámbito familiar donde además le consideran prescindible. Y un nuevo discurso, al margen de toda certeza objetiva y de claro aroma revanchista, mantiene que las mujeres son paradójicamente idénticas a los hombres «pero mejores y superiores» y con una sensible predisposición a ofenderse por todo lo que sea masculino; sembrando la semilla de un nuevo conflicto entre los sexos. De este modo, reemplazan un autoritarismo —contra el que dicen luchar— por otro más excluyente aún.

Cualquier crítica a los hombres es válida, aunque esté absolutamente infundada. Lo que interesa no es tanto mejorar a los hombres como neutralizarlos, despojarlos de sus virtudes y convertirlos en seres pusilánimes, lastimosos y avergonzados de sí mismos (D. Murray, 2020). Este feminismo tiene un especial interés en que los hombres se sientan culpables, a modo de compensación por un desequilibrio histórico. Una suerte de misandria —odio a los hombres— ha logrado que aquellos experimenten de forma constante una sensación de miedo a ser hombres. Si naces varón, naces machista; es como una marca de nacimiento.

Han logrado de este modo implantar en nuestra sociedad el temor a manifestar las características propias de la masculinidad. La relación de los hombres con el sexo femenino se ha convertido en algo angustioso y crispante. Nueva paradoja en unos tiempos en los que la teoría de género niega de forma radical cualquier influencia de la biología o la naturaleza sobre el ser humano.

Desde el miedo constante a ofender de los hombres, así como desde el estado de alerta en el que se encuentran las mujeres para detectar las ofensas, es imposible que exista una relación relajada, natural, espontánea, saludable, nutricia y enriquecedora entre los sexos que sería la única forma de lograr una cooperación que nos lleve al respeto y admiración mutuas. Parece como si la única forma de luchar contra la discriminación femenina fuese promoviendo la discriminación masculina; a modo de compensación por un desequilibrio histórico o de expiación generacional por la «culpa» de unos pocos.

Ignorando que la historia de la humanidad se ha configurado también y sobre todo a partir de la acción de hombres honorables que han protegido a las mujeres, les han proporcionado alimento y seguridad, cariño, respeto y que han llegado a morir por ellas y sus países. No es justo ignorar que la revolución social de las mujeres pudo producirse porque los hombres la aceptaron muy rápido y la apoyaron. El avance fenomenal de la mujer en nuestra sociedad se ha podido llevar a cabo porque sus ideales de libertad fueron compartidos y apoyados por una amplia mayoría de los varones occidentales. Como afirma Camille Plagia, deberíamos volver la vista atrás y reconocer todo lo bueno que los hombres han hecho por las mujeres. Negarlo equivale a ignorar la historia.

Muchos hombres actualmente son sensibles, emotivos, afectuosos y tiernos, lo cual es positivo y ha sido innegablemente un avance respecto de épocas pretéritas en las que al varón se le exigía que fuera duro y no exteriorizase sus sentimientos («los hombres no lloran»). Toda mujer desea un hombre que la comprenda en sus afectos y tenga inteligencia emocional, y será un avance, siempre y cuando, al mismo tiempo, no anule o aniquile su especificidad masculina, que le capacita al mismo tiempo para dar protección y seguridad. Negar su esencia conduce, como muestran los resultados del psicoanálisis, a que los hombres se sientan frustrados, desilusionados y desorientados.

En el proceso histórico de creación de un mundo nuevo más justo con las mujeres, hemos demonizado al hombre y postergado su masculinidad al cuarto oscuro, como si se tratase de un monstruo que hubiésemos de mantener oculto y encerrado bajo siete llaves. Cargando con las injusticias de siglos pretéritos, como si fueran «culpables por asociación genética de todos los abusos pasados cometidos por algunos de ellos» (Kipnis, 2014), los hombres actuales son ridiculizados en la plaza pública, privados de sus potestades como padres, estigmatizados legalmente y sometidos a un asfixiante matriarcado social en el que está prohibida cualquier exteriorización de masculinidad por equilibrada u oportuna que sea.

Actualmente, la imagen del hombre fuerte, noble, valiente, con autoridad y seguro de sí mismo ha quedado descartada y sustituida por la de hombres blandos, sensibles, maternales, «modelos femeninos de lo masculino» que huyen del conflicto (aunque sea por una causa justa), de la responsabilidad y del compromiso por miedo a ser tachados de machistas.

El Dr. McNamara, tras un análisis exhaustivo de miles de retratos masculinos en los medios de comunicación, encontró que en la mayoría de las ocasiones los hombres aparecen como villanos, agresores, pervertidos y vividores. Mostrando pobres ejemplos de masculinidad para los jóvenes. En muchas series de televisión, el único modelo aceptable de hombre es el afeminado o el homosexual. En la misma línea, señala Rosin, cómo las mujeres casi siempre son presentadas como emprendedoras organizadas, casi perfectas; mientras que los hombres aparecen como vagos, torpes, sin ambiciones y teleadictos. Algunos programas televisivos son un manojo de bromas antivaroniles. Se ha popularizado el desprecio hacia los hombres (H. Rosin, 2012). El discurso antimasculino en los medios se considera progresista y tergiversa la realidad representando a los hombres como si fueran la causa de todos los males que acechan a la sociedad actual. Al definir al hombre únicamente por sus rasgos criminales o despreciables, se borra toda posible empatía o simpatía hacia los problemas masculinos (que son muchos e innegables, como el actual y manifiesto fracaso escolar de los varones en las escuelas).

El feminismo igualitarista se niega a aceptar la existencia de una crisis del varón. Y se ampara en los sucesos intolerables de casos de violencia, en los que las mujeres son heridas o mueren a manos de sus parejas prácticamente a diario, para someter a la masculinidad a un juicio colectivo en el que carece de presunción de inocencia. Y rescatan a los hombres de su masculinidad creyendo que nos hacen un favor a toda la humanidad, cuando lo que realmente ocasionan es un inmenso perjuicio, pues alimentan al monstruo que querían aniquilar: la incomprensión hacia las especificidades propias del varón puede producir sentimientos de frustración y violencia. De este modo, sin percibirlo, echan más leña al fuego que pretendían sofocar. Como afirma Kipnis en primera persona: «Los hombres nos volvemos destructivos cuando nuestra masculinidad está herida. La violencia surge de la desesperación y el temor, más que de la virilidad auténtica» (2014).

En la misma línea, Sinay mantiene que «nadie es violento cuando puede ser como es. Cuando una mujer desprecia la agresividad de los hombres confundiéndola con violencia contribuye a sembrar gérmenes de violencia. Cuando una mujer y un hombre construyen un espacio de convivencia en el que todas las expresiones emocionales (con sus diferencias) les están permitidas a ambos, construyen también un antídoto contra la violencia» (2001).

En este contexto, muchos hombres se sienten desconcertados. Respetuosos, creen en la igualdad, pero no saben cómo acercarse a las mujeres. Rebasados por un fenómeno que no acaban de entender. La mayoría de los varones opta por asumir un perfil bajo. Se sienten desorientados e incomprendidos por los cambios de las mujeres en las últimas décadas, quienes a su vez cada vez están más masculinizadas. Algunos se sienten muy descolocados y pueden entrar en una silenciosa crisis existencial, como denuncian los psiquiatras; estamos ante la tristeza del hombre confuso.

VARONES INCOMPRENDIDOS EN LA ESCUELA ACTUAL

Este es un fenómeno que se da incluso en las escuelas, donde se ha impuesto el «ideal femenino» en las aulas. Por poner un ejemplo, el psiquiatra Jay Giedd, uno de los mayores expertos sobre el crecimiento del cerebro de los niños, miembro del U.S. National Institute of Health en Washington, ha demostrado que las partes del cerebro encargadas de las destrezas verbales, como escritura y lectura, maduran varios años antes en las niñas. La región de Wernicke, la parte del cerebro que coordina la función lingüística, es un 30 % más pequeña en los hombres que en las mujeres. De hecho, el cerebro de una niña de cuatro años equivale en madurez al de un varón de seis. Esta diferencia permanece hasta aproximadamente los treinta años, edad en la que alcanzan idéntico nivel de madurez. Y esto con total independencia de la cultura o la raza.

Esto tiene como consecuencia que en términos generales las niñas construyan frases más complejas, se expresen mejor, utilicen más calificativos y, en definitiva, en apariencia se consideren más aplicadas y trabajadoras que los varones en todo lo relativo a habilidades lingüísticas y destrezas verbales, cuando la realidad es sencillamente que los varones tienen un ritmo más lento de maduración cognitiva en estas áreas cerebrales. Hay otras muchas diferencias entre sexos. A igual edad, los chicos son más impulsivos e inquietos; menos ordenados; se concentran menos; encuentran mayores dificultades para expresar sus sentimientos; muchos tienen problemas de disciplina. Muchos sobresalen en agresividad, nivel de aspiraciones, inadaptación escolar. Sin embargo, superan a las chicas en fuerza física y velocidad; perciben mejor el espacio y lugar que ocupan los objetos, teniendo más desarrollado el razonamiento abstracto.

Pero los niños y las niñas son diferentes no solo en sus ritmos de maduración. También lo son en intereses; juegos; aficiones; inquietudes; formas de socialización; forma de exteriorizar los sentimientos; formas de reaccionar ante idénticos estímulos…Todo esto provoca que, en definitiva, sean diferentes también en sus formas de aprender.

Sin embargo, tenemos un sistema educativo «biológicamente irrespetuoso» (Dr. Perry) que genera injusticias y frustración en los varones al pretender que sean como niñas. Además, el profesorado es mayoritariamente femenino en las escuelas (en infantil, las profesoras son más del 90 %, en primaria son más del 80 % y en secundaria son más del 60 %), y en gran medida está influenciado por la ideología de género, de manera que al varón se le exige que sea y se comporte como una «niña defectuosa»; en caso contrario, cuando manifiesta atributos propios de la masculinidad (competitividad, agresividad, movimiento…) el mensaje que recibe es: «hay algo malo en ti» (masculinidad tóxica).

Esta incomprensión hacia los varones y la ausencia de modelos de masculinidad equilibrada entre el profesorado explica el bajo rendimiento académico de los niños y jóvenes en las escuelas. En relación con las niñas, todos estamos pendientes de los fallos del sistema educativo, del acoso en las escuelas, de la falta de estimulación de los padres, de los roles y estereotipos que la sociedad les impone. Pero en el caso de los niños se les echa la culpa a ellos de su propio fracaso, excesivo y mucho mayor que el de las niñas, no a las circunstancias, al modelo educativo o a la sociedad.

De las estadísticas, documentos e informes más recientes se desprende una conclusión evidente: los varones están en crisis desde el punto de vista educativo. En contra de lo que infundadamente piensa la mayoría de la sociedad y como demuestran los estudios, son las chicas las que están arrasando en los colegios. El chico tipo está un año y medio por detrás de la chica tipo en lectura y escritura; está menos comprometido en el colegio; su comportamiento es peor y es más improbable que acabe realizando estudios universitarios.

El 67 % del fracaso escolar es masculino. Pero hay más. Tres de cada cuatro expedientes disciplinarios son de chicos. Suelen repetir curso el doble. A los quince años llevan un año de retraso respecto a sus compañeras. Los problemas de hiperactividad y déficit de atención suelen ser masculinos. En la universidad, tenemos un 40 % de nuevas matrículas de varones frente al 60 % de las mujeres.

Lejos de aparecer tímidas y desmoralizadas, las chicas de hoy ensombrecen a los chicos. Consiguen mejores calificaciones. Tienen aspiraciones educativas más altas. Siguen programas académicos más rigurosos y participan en clases de alto nivel en mayor porcentaje. Muchas más chicas que chicos estudian en el extranjero. Las chicas se comprometen más académicamente. Los estudios PISA, realizados para el conjunto de los países de la OCDE, llegan reiteradamente a la siguiente conclusión: a igualdad de edad y condiciones, el rendimiento escolar es muy superior entre las alumnas.

Los chicos españoles son cada vez más analfabetos que las chicas. Nuestro sistema educativo está dando a los muchachos mucho menos de lo que merecen académicamente hablando. Las soluciones propugnadas desde ámbitos gubernamentales sugieren sin embargo la eliminación de la masculinidad de los jóvenes en el desarrollo de programas de igualdad de «género» y otras medidas «contra el sexismo» en las aulas que no hacen sino ahondar aún más en una postura radicalmente errónea que pretende negar unas características propias a los varones, provocándoles una auténtica crisis de identidad. Lo que conduce a los chicos a una situación paradójica: convertirse en el sexo «vulnerable», pues es el que sale perdiendo por el alto grado de fracaso académico y abandono escolar que sufre en comparación con las chicas.

Como señala Risé, «el adjetivo patriarcal se ha convertido en peyorativo, lo mismo que paternalista, patriota y, en general, cualquier palabra que contenga la palabra padre y sus derivados, a la que se asocia con un significado de atrasado e injusto» (Risé, 2006). Lo alarmante es que así lo considera no solo gran parte de la sociedad, sino incluso el poder público. Lo que resulta especialmente preocupante es la institucionalización de la ausencia paterna, con la manipulación del lenguaje en documentos públicos y la regularización por ley de situaciones contrarias a la naturaleza, al sentido común y a las conclusiones derivadas de la propia experiencia clínica. En este sentido, podemos afirmar que «el derecho ha matado al padre». Estamos presenciando de forma silenciosa y sumisa el «genocidio de los padres» (L. Zoja, 2018).

Máximo exponente de esta situación en España es el Real Decreto-ley 6/2019, de 1 de marzo, de medidas urgentes para la garantía de la igualdad de trato y de oportunidades entre mujeres y hombres en el empleo y la ocupación, por el que se amplía el permiso de paternidad y en el que, sin embargo, la palabra padre no aparece ni una sola vez, habiendo sido sustituida por la expresión: «progenitor distinto de la madre biológica».

Existe actualmente la idea, muy extendida e implantada en la sociedad, de que en la crianza y educación de los hijos la madre se basta y se sobra, que el padre es innecesario, a veces incluso un estorbo. Se ha devaluado progresivamente la función paterna, hasta el punto de que la presencia y el papel del padre en la procreación resultan prescindibles. El derecho, con el apoyo de las técnicas de laboratorio y la ingeniería genética, ha logrado que el origen y dependencia de un padre se esfumen definitivamente, anulando la pareja como origen necesario de la vida. Hemos cambiado la genealogía por la tecnología. Nunca había existido entre maternidad y sexualidad una escisión tan profunda y radical. Como señala el psicoanalista Winter: «La diferencia sexual ya no juega un papel esencial en la creación de una familia. El hijo se concibe por otras vías diversas del encuentro sexual entre un hombre y una mujer. A diferencia de lo que parecía ser evidente, la diferencia sexual ya no juega un papel principal en relación con el hijo. Ya no está vinculada ni a la creación de una nueva vida humana ni a lo que es necesario para llevarla hasta la edad adulta. El deseo y el placer relacionados con el sexo continúan su propio camino, por un lado, mientras que la familia, padres e hijos, caminan por una vía paralela».

También hay madres solteras que instrumentalizan a los padres biológicos y, puesto que ellas han decidido solas el momento de su fecundidad, lo ocultan al progenitor y consideran al niño como un bien propio y exclusivo.

El hijo queda condenado, por decisión materna, a ser huérfano de padre incluso antes de nacer, con las consecuencias negativas que ello acarreará inevitablemente. En estos casos, a la ausencia física del padre se une una penosa ausencia simbólica. En el lugar del padre hay la nada, un vacío absoluto. Al niño le falta parte de sus raíces, parte de su genealogía, no se siente arraigado en una historia, no entiende de dónde proviene y esto le causa un vacío existencial insoportable.

Tener un pasado permite al individuo «apropiarse críticamente» del mismo, de su biografía, de cara a posibilidades futuras, incluida la de reescribir su historia evitando o enmendando los errores del pasado. «Solo así se hace una persona insustituible y un individuo inconfundible. Con un pasado concreto, el sujeto se puede arrepentir de los aspectos reprochables de su vida pretérita y decidirse a continuar con aquellos procederes en los que puede reconocerse sin vergüenza. Se trata de una "apropiación críticamente sondeadora de la biografía". "La genealogía es como una armadura, un esqueleto de apellidos (…) que se suceden como esquirlas resplandecientes durante siglos". Los expertos coinciden en que la ausencia de padre genera psicosis, "un desorden incontrolable en las palabras y en la vida de una persona" que se presenta cuando en lugar de la presencia del padre hay un agujero, un vacío, un desconocido del que nunca se habla. La persona sin raíces no sabe quién es, no tiene arraigo. Vive en un "tiempo amputado (…) las rupturas en la continuidad en la genealogía tienen repercusiones psíquicas serias (…). Va siempre acompañada de una desorientación en los espacios, es decir, de la dificultad para cada uno de encontrar su propio lugar dentro de la tribu"» (J. P. Winter, 2020).

Aquellas mujeres que ignoran e incluso fomentan y celebran la ausencia paterna, como si de algo disruptivo se tratase y mantienen a los hijos alejados de cualquier idea, concepto o símbolo de paternidad, les infligen un daño en su equilibrio psíquico que no pueden imaginar y que, tarde o temprano, acabará por manifestarse en su propia contra.

Como señala Durand, ginecóloga y miembro de la Academia de las Ciencias y de las Letras de Montpellier, las procreaciones modernas por medio de las biotecnologías conducen a la legalización de la posibilidad que se da a la mujer de tener hijos sin padre, es decir, «de consagrar la inutilidad del padre» por la propia ley. Ahí se halla la gravedad de la situación actual. En la colaboración de la ley en la evaporación del padre pues la decisión legal actúa directamente a nivel simbólico, suprime no un ser, sino un lugar. Todos aquellos que podrían haberlo ocupado son descalificados y, con ellos, quienes lo han ocupado en el pasado. Dicho de otra forma: están muertos por adelantado.

En Francia y en la mayoría de los países nórdicos, la madre sola por elección es el principal modelo de familia. En España, el 84 % de las mujeres con «deseo gestacional» entre 25 y 45 años, no descartarían hacerlo en solitario por propia elección, con la ayuda de la medicina reproductiva (I Barómetro social de la percepción de las españolas acerca de la maternidad. Maternidad y fertilidad a examen, Instituto Valenciano de Infertilidad, 2022).

Nuestra legislación en materia de reproducción humana asistida encierra una clara vocación a favorecer la «monomarentalidad» de quien así lo desea, o la creación de una relación biparental familiar con ausencia de figura masculina, como en el caso de las parejas de mujeres lesbianas; anulando un posible derecho de los menores a la biparentalidad con los beneficios psíquicos que esta proporciona a los descendientes.

Tenemos actualmente una verdadera «explosión» de mujeres que deciden vivir en soledad su maternidad, por medio de la reproducción asistida; lo que hace que el deseo de maternidad se vuelva autónomo respecto al deseo amoroso hacia el otro sexo. Como señala Recalcati: «En las mujeres que asumen la maternidad en soledad, ajena a toda relación amorosa, es mucho más probable que resulte dominante el deseo de querer tener un hijo respecto del deseo real de la maternidad y los hijos estarán más expuestos a convertirse en objetos exclusivos del goce de la madre. Por el contrario, si el niño es el resultado inesperado del amor sexuado de sus padres, su ser en el mundo resultará más fácilmente vital y abierto a la contingencia ilimitada de la existencia» (2018).

Lo ideal para el hijo es que la maternidad constituya un evento que nace de un vínculo amoroso. El hijo debería ser siempre el resultado de dos y nunca de uno solo. Para que el hijo crezca de forma equilibrada precisa de un padre y de una madre, la alteridad sexual es esencial: «De la combinación de dos deseos y de dos historias, ambas marcadas por el sexo y por las generaciones sucesivas, se extraerán los rasgos constitutivos de la psique del niño, con los que crecerá. Legalizar la homomarentalidad es matar al padre» (J. P. Winter, 2020).

Varón sin padre

En los varones, la ausencia de padre puede generar un dolor especialmente intenso; es el resultado de haberse «hecho hombre» sin una guía emocional que les ofreciera modelos reales, cercanos, palpables para conectarse con sus propias emociones y sentimientos, con sus dudas y temores, con sus ansiedades e incertidumbres. «Hambre de padre» significa necesidad de conocer sus sentimientos, de recibir educación emocional de su parte, de compartir tiempo y piel, de ser reconocido y valorado por ese hombre, de ser acompañado por él hacia el portal de ingreso a la adultez. Pues, como afirma Rojas Marcos: «Todos los padres son, sin saberlo, el objeto de una obsesión conflictiva e irresistible en el hijo que a menudo dura toda la vida».

La ausencia paterna puede además tener asimismo consecuencias serias en la identidad sexual de los varones. Ambos, tanto el hijo como la hija, experimentan una identificación primaria con la sexualidad de la madre. Es normal, pues la carne y el espíritu de la feminidad les ha rodeado primero en el seno materno y luego en sus primeros meses de vida, «como las cuatro paredes de una casa».

Las niñas al descubrir su feminidad y, por lo tanto, la diferencia con lo masculino, necesitan percibir la aprobación de su padre, implícita (especialmente a través del trato amoroso y respetuoso que el padre prodigue hacia la madre) pero también explícita (unida a palabras y actitudes de aprobación y aprecio hacia su feminidad) porque él es el representante adulto de la masculinidad, de la que ella es diferente.

En cuanto a los hijos varones, la identidad de los chicos comienza con la identidad femenina, pero la fuerza biológica los impulsa hacia una identidad masculina diferente. El chico comprometido en esta identificación primitiva conoce un itinerario más difícil que la chica para liberarse de su madre y afirmar su virilidad. Pronto el varón deberá aceptar que su sexualidad es diferente a la de la madre; el niño vivirá un proceso mucho más complejo para desvincularse psíquicamente de la madre. La psicóloga A. Horner explica: «Una vez establecido el curso de la identidad femenina de la chica es relativamente interrumpido. La identidad femenina esencial se origina en las primeras relaciones con la matriz. Mientras que la identidad sexual del chico depende de su capacidad de diferenciarse de la matriz» (Citada por M. Gurian, 2004).

En este recorrido vital, en el que el niño construye su propia identidad, el acompañamiento que el padre realiza es insustituible. Ser varón implica recorrer un camino sinuoso y complicado que siempre comienza en los brazos de la feminidad, de la madre. A este propósito señalan los expertos que todo hace pensar que la condición básica del fenotipo sexual es femenina y a ella tiende de forma espontánea el nuevo ser; ha de haber un esfuerzo añadido para que se quiebre esa tendencia a la feminidad y aparezca el ser masculino.

Llegar a ser hombre es una aventura larga, difícil, arriesgada, repleta de obstáculos. Es una especie de lucha contra la inherente tendencia a la feminidad. Se trata de un camino delicado y progresivo a lo largo del cual el varón deberá sufrir un desgarro, una renuncia a la madre y una progresiva atracción hacia el «campo magnético» de su padre. Pero, si el padre no está, especialmente desde el punto de vista simbólico, el niño correrá el peligro de «estancarse en el vínculo simbiótico» con su madre. Por ello, el padre deberá secundar y promover el impulso evolutivo espontáneo hacia la separación: «Ser varón supone, en primer lugar, aceptar ser diferente de la madre y situarse en «otra» categoría, la del padre. Por eso, introducirse en el mundo masculino para hacerse hombre supone la necesidad de fijar progresivamente unos límites psicofísicos en relación con la madre, porque la diferencia siempre incluye distancia y separación» (M. Ceriotti, 2019).

La diferencia de sexos encarnada por el padre juega un papel de revelación y confirmación de la identidad sexuada. La masculinidad no se puede aprender en los libros, es algo que los padres pasan a los hijos sin percibirlo apenas: «La mujer es; el hombre debe ser hecho», afirma con rotundidad Corneau.

Es el padre, en la medida en que es reconocido por la madre, el que va a permitir al hijo situarse sexualmente. La sola existencia del padre al lado de la madre proporciona alimento psíquico al niño para distinguirse y acceder a la autonomía. Es a través de la intermediación del padre que se realiza de la mejor manera el proceso de sexualización y la interiorización de la identidad sexual del niño. Como escribió el poeta estadounidense Robert Bly: «Solamente una mujer puede convertir un embrión en niño, pero solamente un hombre puede convertir a un niño en hombre» (1990).

Las madres pueden enseñar a los hijos prácticamente todo, excepto cómo convertirse en hombres. Los niños varones necesitan modelos masculinos equilibrados para convertirse en hombres equilibrados. El poeta Aaron Kipnis señala acertadamente al respecto: «Ellas nos nutrían, nos consolaban, educaban y cantaban; nos cuidaban cuando estábamos enfermos, nos enseñaban buenos modales y nos protegían (…). Pero no podían enseñarnos a convertirnos en hombres» (2014).

En definitiva, eliminar la figura paterna implica un alto riesgo social. En una sociedad en la que el complejo de Edipo no existe, nada hay tampoco que logre frenar la tendencia incestuosa del goce, la ausencia de límites y de prohibiciones simbólicas, desregulación pulsional. Los jóvenes que carecen de padre, no solo en sentido físico, sino además simbólico y cultural, regresan al «estadio prepaterno de la escala evolutiva» (L. Zoga, 2018). En la hipermodernidad, la evaporación del padre provoca caos y neurosis social. Vivimos en un tiempo regido no por el signo de Edipo, sino por el de Telémaco, quien exige justicia: «En su tierra ya no hay ley, ya no hay respeto, ya no existe orden simbólico» (M. Recalcati, 2014).

Como señala Zoja: «Si el macho ha dejado de ser padre, entonces debe ser otra cosa.

La solución más simple a esta crisis radical de identidad es el regreso a la condición precedente a la invención del padre. Se produce así una iniciación a la masculinidad adulta de tipo regresivo (…) regresamos al estado prepaterno de la escala evolutiva (…) la regresión hacia el macho irresponsable (agresivo, impaciente, hipersexualizado) parece haber alcanzado niveles nunca vistos (…) se encuentra en peligro la propia civilización» (2018).

En la configuración de la identidad sexual de los hijos y las hijas, la presencia de un padre en el pleno disfrute de su masculinidad, sin los complejos y miedos que a tantos hombres inspira hoy la sociedad, resulta absolutamente fundamental. Como afirma Schlatter, «el padre le confirma al hijo en su masculinidad, y a la niña le revela por contraste su feminidad» (2019).

Desconfianza hacia el padre. La familia matrifocal

Actualmente, es usual que mujeres inmersas en el mundo laboral, con elevada formación y puestos de alta responsabilidad, cuando han sido madres, asuman plena y totalmente la atención y crianza de los hijos, renunciando a la ayuda del padre, en el que no confían; cargando así con la doble y ardua tarea del cuidado de los hijos y el desarrollo profesional.

Desde la revolución del 68, se ha ido paulatinamente exigiendo a los hombres que se comportasen como una «mamá-bis», que ejercieran su paternidad como si de una madre defectuosa se tratase, que se maternizasen, copiando los modelos típicamente femenino-maternales. En caso contrario, el padre es objeto de críticas y censuras, tachado de autoritario o perjudicial; optando en último término por prescindir de él en la labor de crianza y educación de la prole.

El mantra social actual, que considera que el hombre no es apto, que es incluso perjudicial y perturbador para los hijos, un estorbo prescindible, ha favorecido que algunas mujeres duden de las aptitudes y habilidades masculinas para encargarse de los niños y solo les permitan hacerlo en la medida en que desarrollen sus labores «como lo haría una madre». Estas mujeres asumen la crianza de los hijos como «cosa suya». Un poder al que no están dispuestas a renunciar.

Mujeres que sufren un «prejuicio de inutilidad masculina» que las incapacita para ceder el espacio y protagonismo que el padre merece y al que tiene derecho; provocando así una indeseable distancia emocional entre el padre y los hijos que lo ven como una persona abstraída de las decisiones diarias y ajeno al hogar. Familias donde el padre está físicamente presente, pero simbólicamente ausente, no es representativo para los hijos porque no lo es en absoluto para la madre; un extraño en la vida ordinaria familiar. La madre se ha encargado de que se mantenga al margen de la crianza de los hijos por considerarle poco apto, patoso, carente de la calidad requerida, por no hacer las cosas «exactamente como ella». Cuando el padre no es significativo para la madre, el niño lo percibe y él mismo se coloca en su lugar, convirtiendo la función paterna en inexistente.

Se trata de mujeres que sienten que compartir los espacios integrales de la crianza es ver debilitado su rol materno y, en consecuencia, un pilar fundamental de su feminidad y autoestima. Como afirma Lipovetsky, el compromiso femenino en la esfera doméstica corre parejo con formas de poder que, pese a ser privadas, no por ello revisten un menor grado de una importancia capital. Incluso en nuestros días, la cuestión del «poder materno» sigue siendo candente: numerosas mujeres toleran mal el hecho de que el padre se ocupe demasiado de la casa y de los hijos. En un estudio realizado por este autor en los años ochenta, llegó a la conclusión de que del 60 al 80 % de las mujeres norteamericanas no deseaban una mayor participación por parte del padre y preferían que se mantuviera al margen.

Muchas madres viven con orgullo su capacidad para hacer frente al trabajo profesional y a las tareas maternas. Así reciben la doble satisfacción de dominar dos universos: el laboral y el hogar familiar. Este, a su vez, acompañado de gratificaciones como: perspectiva de sentido de la vida; posición de poder; afirmación identitaria; autonomía organizadora; capacidad de imponer los criterios propios; fronteras personales; forma de controlar un territorio y construir un mundo propio íntimo, emocional y comunicacional. La doble misión les significa una carga, pero también una manera de seguir controlando un poder que no desean compartir. De manera que el hecho de que la mujer, incluso la que tiene fuera un desarrollo profesional, siga dedicándose a tales tareas no puede explicarse como un mero vestigio del pasado impuesto desde instancias externas, sino como una elección autoimpuesta (Lipovetsky, 2013).

Es lo que algunos psicólogos denominan familias «matrifocales». En estos supuestos, el padre desplazado, no encuentra espacio entre la madre y el hijo. El espacio paterno resulta invadido por la madre. El padre debe quedar como un espectador externo benévolo de la relación madre-hijo; es el inoportuno, el no deseado, un estorbo. La madre «secuestra emocionalmente» a los hijos para preservarles frente a la nefasta influencia paterna. Como señala Poli, en estas circunstancias se crea una alianza madre-hijo: «Están siempre de acuerdo, se respaldan y defienden el uno al otro, ateniéndose a un pacto no escrito de defensa recíproca. Mujer e hijo se mueven como perfectos aliados. Progresivamente el padre queda encasillado en la figura del perdedor y queda encerrado en el estereotipo del malo, de persona con un carácter insoportable. Se sentirá generalmente en minoría hasta acabar recluyéndose definitivamente en sí mismo» (O. Poli, 2012).

Según Zoja, la «matrifocalidad» se entiende como una condición familiar en la cual el padre no se encuentra del todo ausente, pero en la que su presencia no resulta decisiva: el vínculo madre-hijo es muy fuerte, y el que se establece entre el padre y el hijo es sumamente débil; la familia extendida la conforma solo la materna, las mujeres son las que toman las decisiones importantes y el padre se nuestra pasivo (2018).

Muchos padres actualmente quieren implicarse a fondo en la crianza y educación de los hijos, pero se ven imposibilitados para ello al ser distanciados por la interposición materna, por la propia mujer que desconfía abiertamente de la sensibilidad educativa masculina debido a su presunta falta de calidad en la relación con los hijos.

El origen de esta configuración familiar se produce, en gran medida, por una falta de confianza de la madre hacia las actitudes paternas en la crianza y educación de los hijos. La madre considera al padre torpe o no válido para estas labores y le deja de lado sin permitirle intervenir.

Muchos padres que no son valorados o tenidos en cuenta en el ámbito familiar, calificados de torpes, criticados o considerados estorbos en la educación de sus hijos por sus propias mujeres, optan por apartarse y dejar esta competencia en manos de la madre. Cuando esta prefiere hacerlo todo ella sola, cuando no desea la intervención del hombre, al que considera poco fiable, cuando infravalora la figura masculina en el hogar, el padre, en muchos casos, acaba cediendo toda la responsabilidad educativa a la madre y, al no sentirse necesario ni querido, se refugia en un trabajo que le resulta más gratificante y retributivo, lejos de un hogar en el que no es bienvenido y del que se siente perfectamente ajeno. Algunos de estos padres se sienten a gusto en un trabajo donde son altamente valorados y admirados como personas eficaces y virtuosas. Sin embargo, en sus casas, pasan a un segundo plano, prácticamente son ignorados o resultan poco significativos para su mujer e hijos. En estas circunstancias, al llegar al hogar, experimentan sensaciones de vacío y soledad.

En estos supuestos, los padres se hallan llenos de confusión respecto al papel que desempeñan: cualquier elevación del tono de voz puede ser calificada de autoritarismo, cualquier manifestación de masculinidad es interpretada como un ejercicio de violencia intolerable, el intento de imponer alguna norma como cabeza de familia le puede llevar a ser tachado de tirano o maltratador. El padre siente su propia autoridad como un lastre y su ejercicio le genera mala conciencia, por lo que opta por retirarse discretamente del escenario. Como afirma Recalcati, «no son capaces de tomar la palabra, no saben soportar el peso simbólico de su función pública, se muestran perdidos, evaporados» (2014).

La paternidad no se puede entender y no adquiere toda su eficacia si no es en articulación y como complemento de la maternidad. Por mucho que un padre se esfuerce en ser un «buen padre», el niño lo negará y lo verá como un extraño del que hay que desconfiar si la madre no le concede el valor debido. El niño, cuando es pequeño, ve el mundo a través del prisma de la madre y realiza asimismo la interpretación de lo válido e incorrecto a través de los ojos y perspectiva de aquella. La comunicación paterno-filial en los primeros años de vida del hijo solo se puede construir sobre un modelo fiable y perceptible a través de la intermediación de la madre que deberá actuar como una traductora amable y fiel, capaz de dar al niño, en el idioma que tienen en común desde la gestación, los subtítulos que le permiten comprender el idioma del padre. Por ello, aquella debe presentar al padre como interlocutor válido ante el niño. La madre es la responsable de introducir al padre en el mundo del niño como superior jerárquico, pero al mismo tiempo como asidero afectuoso, validando su presencia y sus acciones, aunque sean muy diferentes a las que ella mantiene y desarrolla a diario.

Si el padre no es representativo para la madre el niño lo percibirá y tampoco lo será para él. Será precisamente la palabra de la madre la que atribuya, o no, la justa autoridad simbólica a la palabra del padre. Será la forma en que la madre habla a sus hijos del padre la que autorizará, o no, la palabra del padre, la cual, por lo tanto, vive en estrecha relación con la palabra materna. En este sentido, una «buena madre» será aquella que designe al padre ante el hijo, lo reconozca como interlocutor válido y le introduzca en el mundo simbólico al concederle ante los ojos del niño una importancia tan significativa como la que ella misma posee.

Madre y padre deben formar un tándem inescindible, una unión inquebrantable frente al hijo, y este debe percibirlo así desde los primeros instantes de su vida y para siempre, pues la experiencia demuestra que incluso los hijos adolescentes se muestran reticentes a aceptar un mensaje del padre si no lleva implícito o explícito «el sello favorable» de la madre.

Para que esto sea una realidad, la mujer debe comprender y respetar las características de la masculinidad. Es importante que la mujer permita que los hombres colaboren sintiéndose respetados en sus pautas masculinas de actuación. Esto sin duda favorecerá su integración en la vida diaria de la familia, liberará a la mujer de muchas cargas y permitirá la presencia y el protagonismo del padre en la crianza de los niños y labores del hogar, dando un importante ejemplo a los hijos y favoreciendo el equilibrio de la familia en la que ambos, hombre y mujer, padre y madre, cada uno a su manera, masculina y femenina, enriquecen la personalidad de los hijos. La mujer que respeta al hombre y le permite cumplir el cometido que le corresponde en complicidad y complementariedad con ella, será una buena madre en la medida que le permite a él ser padre. Esto trasciende a las coyunturas, como puede ser un divorcio. Nada de lo dicho aquí pierde su significado si una pareja se separa. Porque si bien es cierto que un hombre y una mujer pueden separarse, nada les autoriza a divorciarse (ni a divorciar al otro) de sus hijos.

Padres, imprescindibles

Para recomponer la familia necesitamos devolver al hombre, al varón, al padre, al lugar y la importancia que realmente le corresponden. Si el padre, desde la intimidad del amor, pero con autoridad, mezclando fortaleza y ternura, se implica a fondo, y la mujer recupera la confianza en él y le permite entrar en plenitud en el hogar e involucrase en la crianza de los hijos «a su manera», aquella se sentirá profundamente liberada y los hijos se beneficiarán del estilo educativo masculino paternal que complementa y equilibra el estilo femenino maternal.

Ser padre se ha convertido en algo verdaderamente heroico. Los padres actuales que quieren implicarse y ejercer de forma adecuada la función paterna con sus hijos se convierten en héroes que han de hacer esfuerzos titánicos para que el ejercicio de su paternidad no resulte censurado, limitado o en último término eliminado por ser considerado inadecuado o perturbador. El padre actual se enfrenta a un nuevo reto antes desconocido: la necesidad de aunar algunos de los atributos y virtudes de la paternidad propia de tiempos pasados, hoy en desuso y denostados, pero absolutamente imprescindibles para el correcto ejercicio de la función paterna —la autoridad; la fortaleza; la valentía; la dación de seguridad— con nuevos atributos también necesarios y positivos para el desarrollo equilibrado del hijo, como la empatía; la afectividad; el cariño; la ternura o la intimidad; exigidos especialmente en gran medida y de forma legítima, por la mujer. El hombre actual, para ser parentalmente competente, deberá realizar un ejercicio malabar de equilibrio entre la fortaleza y la delicadeza. Debe ser bifronte, la autoridad y la afectividad son el anverso y el reverso de una misma moneda.

Existe una cultura que ha desacreditado la sensibilidad del padre para educar a sus hijos. Lo que el código masculino consideraba decisivo para el crecimiento de los descendientes se presenta como peligroso o no apto. Se está produciendo una transformación progresiva de nuestros principales códigos simbólicos. Han quedado implícitamente prohibidas las palabras que caracterizaban la educación paterna: prueba; renuncia; disciplina; esfuerzo; fortaleza; compromiso; autoridad… Se ha extendido la idea de que los padres son prescindibles. El padre es el «innominado y eliminado» (M. Ceriotti, 2019).

La ausencia de padre tiene consecuencias para toda la vida de una persona, incluso para las generaciones posteriores. La gran pérdida cultural no es del padre en sí mismo, sino de la paternidad como función insustituible y esencial. Sufrimos actualmente lo que David Gutmann denomina la «desculturización de la paternidad», cuyo principal y más patente resultado es la fragmentación de la sociedad en individuos atomizados, aislados unos de otros y extraños a las necesidades y bienestar que demanda la familia, la comunidad, la nación. Esa es la sociedad en la que vivimos hoy, formada por legiones de hijos huérfanos de padres vivos, en la que, como señala Sinay, «la muerte física de los padres no es condición necesaria para convertirse en huérfano. Y la presencia física de esos mismos padres no resulta, a su vez, garantía frente a la orfandad».

El padre es un héroe, innombrable e incomprendido, que necesita urgentemente ser revalorizado y readmitido en el ámbito familiar y social. Su importancia es supratemporal y suprainstitucional. Para ello, nuestro héroe precisa de un aliado indispensable: la mujer. De no hacerlo así, nuestra sociedad y nuestra entera civilización entrará en un proceso de declive y autodestrucción. Pues una crisis del padre, del hombre y de su masculinidad, nos lleva a un desequilibrio peligroso: «Cuando la masculinidad se vuelve incapaz de interpretar su propia dimensión generativa, las consecuencias son destructivas» (M. Ceriotti, 2019).

El padre es absolutamente indispensable para el hijo, la familia y la sociedad. El papel del padre no puede ser eliminado, desvalorizado, ignorado, ni tergiversado sin consecuencias negativas graves para el hombre que lo ocupa, para el hijo que lo necesita, para la mujer que lo complementa y, en general, para la familia y la entera sociedad. La «regresión pospatriarcal» que está experimentando Occidente pone en peligro la propia civilización (L. Zoja, 2018).

Para que el hombre cumpla su función paterna, la madre debe permitírselo con entera y plena libertad, siendo consciente de que el padre de sus hijos es un varón, igual a ella en derechos y deberes, dignidad y humanidad, pero con una perspectiva de la realidad diferente a la femenina, una forma de ejercer el cuidado y educación de la prole distinta de la suya. La mujer debe asumir que el hombre junto a ella representa la alteridad sexual que la complementa y equilibra y que nutre y enriquece la educación y crianza femenino-maternal. Comprender que el padre de sus hijos es un varón, con tendencias e inclinaciones innatas diferentes de las suyas, favorecerá la convivencia armoniosa de la pareja y evitará disgustos, frustraciones, desencantos y conflictos en la vida diaria y muy especialmente en el trato a los hijos.

Padre, libertad para los hijos

Muchas madres amamos con tal potencia a los hijos que en ocasiones llegamos a asfixiarles en amor. El apego imprescindible de las primeras etapas de desarrollo infantil para ser sano debe ir progresivamente cediendo y regalando cierto desapego al hijo. La madre debe esforzarse en favorecer la desmaternización del hijo en beneficio de su autonomía e independencia, lo que los psicólogos denominan la necesidad de un desfusionamiento primario; el regalo de la libertad.

Pero hay ocasiones en que la madre no es capaz de liberar al hijo de sí misma en la justa medida. Entonces corresponde al padre, con una presencia real y afectuosa, reconducir la relación a sus justos términos por el bien de ambos. Debemos ser conscientes de que el seno materno, el ambiente femenino-maternal, es íntimamente acogedor, pero a la vez puede ser profundamente limitativo si se extiende en exceso en el tiempo y en intensidad. La entrada del padre en esa unidad madre-hijo abre a este a la necesaria relación con el mundo que le va a permitir desarrollarse como persona de forma plena fuera del influjo del regazo materno. En todas las culturas, la separación del hijo de la madre es un hecho esencial, un momento decisivo, no solo para la vida del hijo y de la propia madre, sino para la entera sociedad.

La enorme fuerza del vínculo materno-filial presenta riesgos. Las mujeres corremos el peligro de transformar con suma facilidad el instinto de donación que nos caracteriza, en instinto de posesión y de exclusión, y convertir la solicitud en un control exhaustivo y agotador;

creando entre la madre y el hijo un «continuum psicofísico espacial, que da forma a una relación de pertenencia e influencia mutuas» (M. Ceriotti, 2019).

En estas circunstancias, es misión del padre «salvar» a la madre y al hijo de ese peligro; especialmente respecto a aquellas madres demasiado ansiosas o preocupadas por su hijo que le transmiten una percepción del mundo como un lugar plagado de peligros y, en consecuencia, la idea de que solo estará a salvo en el regazo materno. Estos excesos maternos que tienen como fin dar a los hijos la «mejor vida» posible acaban construyendo personalidades débiles y dependientes, pasivas, inmaduras y vulnerables, a veces cargadas de ira o hundidas en la depresión. El padre debe ejercer desde el afecto, la delicadeza y el amor, su papel de «separador» que es el que, precisamente, permite al niño diferenciarse de la madre y avanzar en su evolución hacia el estado psicológico de adulto. La relación madre-hijo es una relación de fusión, un binomio que la propia madre debe ayudar a romper designando al padre frente al niño e introduciéndolo ante él. Cuando el hijo no tiene autonomía, no tiene independencia, es un apéndice de la madre, se produce una simbiosis total que anula las respectivas identidades.

El padre es quien permite enfrentar la realidad y la separación o insertar entre la madre y el hijo un espacio que libera de la inmediatez y la fusión con los seres y las cosas. Como señala Recalcati: «La función paterna tiene como primera tarea prohibir lo que, sin embargo, el Edipo de Sófocles lleva a cabo: la unión incestuosa con la madre. Un padre, parece decirnos Freud, es aquel que sabe hacer valer la ley de la interdicción del incesto facilitando el proceso de separación del hijo respecto de sus orígenes» (M. Recalcati,2015).

El padre representa la libertad, tanto para el hijo como para la madre. Una función paterna, que se cumple de diferentes maneras a lo largo de la vida, es la de dejar ir a los hijos, empujarles al mundo tras haberles provisto de información y haberles entrenado en el uso de las herramientas propias para enfrentarse a los obstáculos de la vida. La madre tiende de forma instintiva a retener y es el padre quien, con amor, presencia y asertividad, puede cortar amorosamente ese cordón umbilical invisible que une a madre e hijo. Esto permite a los hijos madurar, completar su crecimiento, y a la madre salir de un rol fijo y a veces abrumador para recuperar y fecundar otros espacios propios en su vida como mujer (esposa, amiga, trabajadora, profesional...).

El padre libera al hijo de la excesiva dominación de su madre y le permite sentirse como un ser pleno y autónomo, lo que le ayudará a su vez a madurar. Concede libertad a sus hijos para tener sus propias experiencias, incluyendo riesgos, fracasos y sufrimientos; lo que sin duda ayuda al hijo a percibir sus propias limitaciones y le fortalece. Desafía los límites del universo materno, lo separa. Sin separación no hay crecimiento y el individuo no consigue jamás despegarse de los niveles psicológicos de la infancia. Como afirma Risé: «Se trata de esos estados psicológicos que el psicoanálisis clásico hace coincidir con el estado calificado «de perversión» en cuanto que sigue dirigido a la satisfacción de los impulsos vinculados a la búsqueda del placer de la primerísima infancia, incapaz de una auténtica relación ni de entregarse al otro» (C. Risé, 2006).

Para el padre, realizar esa separación y, en consecuencia, abrirse espacio en el mundo del hijo, no es tarea sencilla, pues el hijo lo ve con sospecha, como un intruso que irrumpe en la relación simbiótica. Pero, como señala Recalcati, «para que haya reencuentro de sí es necesario el desarraigo, el desgarro, la ruptura de uno» (2018). La separación es un trauma necesario y beneficioso: «El padre inflige el primer dolor, afectivo y psicológico, interrumpiendo la simbiosis con la madre (en la que el bebé sigue hasta que es absolutamente necesaria la intervención paterna) (…) el padre hiere al hijo para hacerle más fuerte (…) la herida infligida por el padre, intrínsecamente necesaria en la existencia del hombre, es también fundadora de su orden» (C. Risé, 2006).

Por ello, el padre deberá separar con delicadeza y afecto, de forma amorosa y responsable, pues no abandona al hijo a su suerte, sino que, en un proceso de iniciación, le guía, le marca el camino, le concede herramientas morales, éticas y espirituales para la nueva andadura y le enseña cómo sobrevivir lejos del campamento base de mamá. Lo que hace posible el acceso al mundo de la cultura y los símbolos: «Si la separación no se realiza bien, el individuo corre el peligro de seguir siendo toda su vida un niño que añora al ser amado del que le han separado y que busca, en una estéril ansia narcisista, la mirada de aprobación» (C. Risé, 2006).

El lazo con el padre es alianza y raíz, responde a la exigencia de pertenencia que caracteriza al ser humano. Pero a la vez el hijo necesita alas, errancia, empuje a lo desconocido, a nuevas experiencias que favorecen el crecimiento y su exigencia legítima de diferenciación. El efecto del desenganche realizado por el padre será siempre beneficioso, no mortifica la relación materna, sino que la vivifica sustrayéndola al «empaste necesariamente incestuoso de la identificación indiferenciada con el propio hijo» (M. Recalcati, 2011).

El padre liberador acompaña, observa y guía al hijo responsablemente. El padre promueve la emancipación. En este sentido el padre es «aventura»: el mundo exterior, lejos de la madre, está plagado de retos, miedos y dificultades; pero es mucho más excitante y novedoso. Pero a la vez es «custodio»: el padre está siempre a su lado en la exploración de ese mundo nuevo plagado de retos. El padre es el que prioritariamente enseña a los hijos a abrir la puerta de la vida con prudencia, pero también con decisión; evitando que el hijo renuncie a retos, a experiencias que le harán crecer y ampliar sus horizontes por miedo, pasividad, comodidad o conformismo.

PADRE, LIBERTAD PARA LA MADRE

El padre es también libertad para la madre a la que debe ayudar con comprensión a desengancharse del hijo. El buen padre es en primer lugar marido, cónyuge, pareja, un hombre enamorado de su mujer, a la que debe apoyar para que no olvide que no es solo madre, sino también esposa, mujer, amiga, profesional. El padre debe ayudar a la madre a emanciparse de los hijos, liberándola de una vida «niñocéntrica»; porque la madre debe ser «no-todamadre»; no madre al cien por cien. Los hijos no deben ser la razón única de nuestra vida, el motivo de nuestra existencia. La mirada de la madre no debe concentrarse en sentido único en la existencia del hijo, debe dejar espacio y tiempo también a su propio desarrollo personal, como mujer con una vida propia e independiente de la de los hijos a los que corresponde volar finalmente del nido materno.

El hecho de que en la madre aparezca «la mujer», su parte erótica, es la salvación, tanto para el niño, como para la propia madre. Liberar al hijo, dejarle ir, favorecer el desapego, regalarle la libertad por amor, es una tarea prácticamente imposible para muchas madres que acaban vinculando al hijo a sí mismas, haciendo que se sienta amado y sutilmente culpable cada vez que se distancia emotivamente de ellas.

En este sentido, el padre ayuda a reconducir a la madre a su posición de «mujer» anulando un crecimiento desmesurado y excesivo de su dimensión materna capaz de ahogar su autodesarrollo como fémina. Pues, como considera Fornari, siguiendo a Lacan, «cuando el código materno tiende a perdurar más allá del periodo en el que resulta funcional, pone en grave peligro la feminidad» (citado por M. Recalcati, 2018).

PÉRDIDA DE LA ESENCIA FEMENINA Y DESCULTURIZACIÓN DE LA MATERNIDAD

ACTUALMENTE, EL feminismo radicalizado y antimaternal, ha logrado que la maternidad sea considerada como el principal elemento perturbador para la realización plena de las mujeres. Para eliminar las clases sexuales es necesario que la mujer se rebele y se adueñe del control de la reproducción y de la fertilidad humana en general. Ya no hay procreación, fruto del amor entre un hombre y una mujer, sino «reproducción biológica». El sexo debe quedar absolutamente disociado de la maternidad y la fecundidad, así como del compromiso y el amor.

En palabras de Alison Jaggar: «La igualdad feminista radical significa, no simplemente igualdad bajo la ley y ni siquiera igual satisfacción de necesidades básicas, sino más bien que las mujeres —al igual que los hombres— no tengan que dar a luz… La destrucción de la familia biológica permitirá la emergencia de mujeres y hombres nuevos, diferentes de cuantos han existido anteriormente» (A. Jaggar, 1977).

Los denominados «derechos reproductivos» implican que la mujer debe tener el control pleno de su fertilidad. La autoafirmación de los deseos narcisistas pasa a ser la expresión de la auténtica libertad. Con los medios anticonceptivos y el aborto, la mujer adquirió un sentimiento de propiedad absoluta sobre los hijos.

Anclado en el lema de los sesenta «nosotras parimos, nosotras decidimos», los ideólogos instrumentalizan el aborto, haciéndolo figurar como una forma de liberar a la mujer de la esclavitud machista y patriarcal de la maternidad.

La mujer afirmaría así su autonomía plena sobre la procreación, pero también sobre su pareja. La paternidad dependerá entonces asimismo de la voluntad de la mujer. Todo ello rodeado de un clima higiénico-sanitario, dentro de la denominada «salud reproductiva»; lenguaje performativo utilizado con el fin de hacer parecer razonables sus presupuestos.

En este marco, las responsabilidades de la mujer en la familia son supuestamente enemigas de su realización personal. El entorno privado se considera como secundario y menos importante; la familia y el trabajo del hogar como «carga» que afecta negativamente a los proyectos profesionales y personales de la mujer. La meta no es representar auténticamente la vida de la mujer, sino una estereotipificación inversa según la cual las mujeres que den una importancia relevante y prioritaria en su vida a ser esposas y madres nunca aparezcan bajo un prisma favorable.

Con el feminismo radicalizado actual, el paradigma cambió radicalmente, y nos ha llevado en nuestros días, de una forma sutilmente persuasiva, a considerar la mujer digna de ser emulada, como aquella que renuncia radicalmente a la maternidad a favor de un desarrollo profesional exhaustivo y que dedica todo su tiempo a la satisfacción de sus deseos personales. Una mujer «devorada» por la vida profesional y una imagen narcisista de sí misma que la lleva a considerar la familia un entorno excesivamente esclerotizante y que interpreta cualquier tipo de dependencia o vínculo en términos de sumisión.

Con la renuncia voluntaria e intransigente a la maternidad la mujer se desubica respecto de sí misma y entra en una profunda crisis de identidad que la conduce al desconcierto e infelicidad.

Ceriotti explica cómo el inconsciente de la mujer consta de dos partes esenciales, distintas pero complementarias. Una parte erótica: el amor por mí misma, mi vida personal, como mujer, esposa, profesional, amiga… Y la parte materna, una huella psicológica imborrable que impregna cada una de las células de nuestro cuerpo y que, seamos madres materialmente o no, influye y repercute en nuestra forma de vivir, actuar, sentir y amar. Del equilibrio entre ambas partes dependerá nuestra felicidad y armonía personal. Lo erótico y lo maternal, el amor de sí y el amor al otro, son dos componentes inescindibles de la condición femenina, y es necesario que ambos encuentren su espacio adecuado en la vida de la mujer; ambos componentes deben encontrar un equilibrio y una integración mutuas (M. Ceriotti, 2019).

Antes de los movimientos feministas de la década de los sesenta, la parte materna tendía a devorar la parte erótica de la mujer; esta tenía la pretensión absolutamente prioritaria de llegar a ser una madre «perfecta», dejando de lado en cierta medida su parte «erótica». Sin embargo, desde el feminismo revolucionario de los sesenta, se produce un cambio radical de paradigma y la parte erótica adquiere un protagonismo total y absoluto, derrocando a la parte materna, dejándola reducida a la nada, por ser considerada una debilidad y una forma de sometimiento del patriarcado.

Si en los años cincuenta, «la mística de la feminidad» quería convertir a las mujeres en amas de casa «perfectas», anulando su vida pública, en la actualidad, la mística femenina se sitúa en el extremo opuesto, anulando de forma radical la vertiente femenino maternal, haciendo creer a las mujeres que el hogar y los hijos las subyugan y esclavizan y que la realización personal pasa por aplazar, retrasar o renegar de la maternidad y dedicarse en cuerpo y alma a una misma de manera autorreferencial y narcisista.

De este modo, y en un movimiento pendular radical, se generó cierto desprecio hacia las mujeres que trabajaban en su casa o cuidaban de sus hijos, que resultaban estigmatizadas, considerándolas poco atractivas o interesantes y nada productivas para la sociedad; frente a aquellas otras mujeres que renunciaban a la maternidad o al cuidado personalizado de sus vástagos desde sus primeros días de vida, que aparecían ante la opinión pública como heroínas, auténticas mujeres modernas, que, lejos de esclavizarse «perdiendo el tiempo» en la atención a sus retoños, se entregaban plenamente a su profesión, por la que lo sacrificaban todo, lo que las liberaba y convertía en estereotipos de la emancipación femenina.

La nueva mística de la feminidad se ha impuesto mediante una obra de ingeniería social consistente en extirpar quirúrgicamente de forma muy precisa la «huella psicológico-materna» que toda mujer lleva implícita en cada una de las células de su cuerpo por el hecho de estar diseñada por la naturaleza para traer vida al mundo. Eliminada esta parte, se fomentó la parte erótica, en una devastadora carrera delirante, hedonista y egocentrista, que nos está conduciendo a nuestra autodestrucción como mujeres.

A esta desacreditación de la maternidad ha colaborado también en buena medida el mercado de trabajo. Ejemplo de ello es la propuesta realizada por algunas empresas, como Facebook y Google, entre otras muchas, consistente en ofrecer a sus empleadas la posibilidad de congelar de forma gratuita sus óvulos, a la espera de un «mejor momento» para ser madres y, de este modo, no tener que frenar su carrera profesional. Una oferta perversa y obscena que, tras la apariencia de progreso, feminismo, igualdad y modernidad, esconde un nuevo tipo de esclavitud femenina: la plena disponibilidad de la mujer en el ámbito profesional. Una nueva alienación, esta vez laboral, así como el mensaje de que la maternidad es un obstáculo para el desarrollo profesional, un hecho colateral que conviene posponer en beneficio de la promoción laboral y que debe resultar subordinado a cualquier otro proyecto. En estas circunstancias, la mujer no es libre pues se explota a sí misma por más que lo haga con entera libertad.

Nos han hecho creer que, si no nos liberamos a nosotras mismas de la carga de dar a luz y del fardo que suponen los hijos, nunca alcanzaremos el éxito, ni seremos modernas y progresistas; que la maternidad es una cárcel cruel cuyas insoportables cadenas debemos romper. Como resultado de esto, muchas mujeres tienden a ocultar su sensibilidad maternal como si fuera un defecto humillante. Parecen creer que, si reconocen estos atributos femeninos, estarán caracterizando a las mujeres como seres débiles y patriarcales.

Se ha extendido recientemente un mantra social según el cual la mujer de éxito es aquella que renuncia voluntariamente a la maternidad, que es vista como un obstáculo al desarrollo de las expectativas de éxito y diversión. El movimiento *Childfree*, en expresión anglosajona, constituido por aquellas mujeres que reivindican su derecho a no tener hijos jamás para poder «hacer su vida» sin obstáculos, gana partidarios cada día. En España, según la encuesta del Instituto Valenciano de Infertilidad (2022), un 61 % de las mujeres encuestadas, entre 36 y 39 años, no querían tener hijos porque suponen una pérdida de libertad y de tiempo para una misma.

Para estas mujeres, la satisfacción de los placeres se convierte en una necesidad irrenunciable. Pero la libertad sin vínculos —especialmente sin vínculos morales— es una forma inédita de esclavitud: esclava de mis caprichos, de mis impulsos compulsivos, de mis deseos, de mi yo narcisista.

La realidad, por paradójica que parezca, es que los hijos lejos de humillarnos nos engrandecen —nada te prepara para ser madre, pero ser madre te prepara para todo— y nos conceden libertad; la libertad de atarnos por amor. Es la máxima independencia a través de la máxima dependencia escogida. Cuando somos madres el tiempo «para nosotras» queda reducido a la mínima expresión, pero eso es el amor básicamente, la dación generosa de «mi» tiempo. Lo que a su vez y de forma paradójica genera una libertad plena, porque nadie está tan en posesión de sí mismo como el que se da y entrega a otros. La libertad es precisamente aquello que tienen los que se dan: «La forma perfecta de la libertad es la generosidad, porque es el modo más intenso y perfecto de tenerse a uno mismo es precisamente darse» (H. Marín, 2013).

Lo más llamativo del informe citado es que califica a estas mujeres como «independientes, aventureras, que disfrutan y exprimen cada minuto de sus vidas. Su mente y prioridades han cambiado con el paso del tiempo». Como expone acertadamente Hadjadj: «Los sin hijos por decisión siempre son actualmente emprendedores de moral» (2020).

Esta determinación femenina puesta al servicio único del «disfrute» de la vida, del goce neolibertino a toda costa, compulsivo, sin pudor ni culpa, sin inhibiciones ni restricciones, resulta temible. Es la propugnación del *carpe diem* como base y esencia de una felicidad que nunca llega porque es buscada alienadamente como objetivo de forma obsesiva y que olvida que existe también el *memento mori*. Lo que a su vez genera una enorme angustia interior. Si la vida se repliega sobre sí misma, «sin nadie por quien merezca la pena morir, acabarán por cansarse de sus propias distracciones». Y, como señala Recalcati, cuando una mujer se erige en «soberana de su propio goce», sufre indefectiblemente la experiencia fatal de la soledad, producto de su incapacidad fundamental para amar (2023).

Se trata de una libertad delirante, dirigida por caminos equivocados: la multiplicación de experiencias sensoriales a nivel epidérmico, constantes y encadenadas. Una existencia frívolamente egocéntrica que busca a toda costa el placer interesado y momentáneo conduce al hedonismo y siempre lleva implícita una cuota de turbación e inquietud personal. Se inicia con una sensación de euforia, pero al final provoca un derrumbe personal; «me mato a base de auto explotarme, me mato a base de optimizarme» (B-Chul Han, 2023).

La mujer hipermoderna, hiperactiva, en constante emprendimiento de experiencias sensitivas efímeras, con aspecto externo de plena felicidad (aunque interiormente esté fragmentada) que exhibe en las redes sus múltiples y constantes vivencias superficiales, íntimas y privadas de forma casi pornográfica, es todo un referente. Pero está sola en una ingente comunidad digital. Mujeres tristes de rostros felices en las redes sociales. Esta concatenación constante de diversión banal y cambios radicales e intensos puede ser reflejo de cierto *horror vacui*, una huida para ocultar la insuficiencia vital que aflora cuando paramos de forma introspectiva. Como afirmó Waldo Emerson, cuando la capa de hielo es muy fina, la única posibilidad de salvarse es patinando a mucha velocidad. Estamos ante lo que Ruiz denomina la «postfelicidad», que impulsa al sujeto a la hiperactividad, no dejando espacio para la reflexión, la contemplación o el deleite, y mucho menos para el cuidado y atención de los demás (2023).

Estamos presenciando una crisis del amor, unida a un excesivo narcisismo de la propia mismidad. El hecho de que el otro (el hijo) desaparezca es un proceso dramático, porque la enfermedad narcisista implica una relación con una misma exagerada y patológicamente recargada que acaba produciendo un agotamiento y fatiga de sí misma y, en consecuencia, infelicidad.

Este fenómeno se da también en ocasiones en mujeres que huyen de la imagen de su propia madre; no quieren ser como ella. Es la «matrofobia» o miedo a acabar convirtiéndose en la propia madre (nomenclatura acuñada por la poetisa Lynn Sukenick). Para distanciarse de la imagen de su madre o de su propia cualidad de madre, atraviesan periodos de rechazo a las cualidades femeninas, distorsionadas por el prisma cultural, que las ve como pasivas, inferiores, dependientes y carentes de poder o atractivo alguno. Mujeres que identifican la palabra madre con un término sustractor, encarcelador y peligroso.

La maternidad vista como una forma inaceptable de amputación de los placeres de la vida es además una actitud que supone una falta de respeto y gratitud hacia nuestras propias madres, pues deslegitimamos así la vida que hemos recibido y encasillamos a nuestras genitoras como perdedoras y fracasadas. Esta ingratitud supone un divorcio desleal entre la vida que disfruto y la vida que he recibido. Como señala Hadjadj: «Honrar, dar importancia a los progenitores es reconocer el sentido de su fecundidad y, en consecuencia, tener gratitud hacia ellos» (2020).

La mujer que tiene poco contacto o rechaza sus aspectos maternales tiene elevadas posibilidades de caer en el utilitarismo en sus relaciones personales. Es un fenómeno que, en el ámbito del psicoanálisis, recibe la denominación de «complejo de Medea»; mujeres que descartan por completo su lado maternal y exacerban su lado erótico-femenino. La madre ha sido eliminada por la mujer. La consecuencia psíquica de este desequilibrio entre el lado maternal y el lado erótico de la mujer provoca una soterrada pero constante insatisfacción personal, como consecuencia de la condena, libremente aceptada y buscada de propósito, a una soledad autodestructiva. Cuando la mujer pretende ser autónoma y totalmente autosuficiente, sin hombre, sin hijos, sin familia, corre el riesgo de encerrarse en una autorrealización que considera como una conquista de la libertad la superación de todo vínculo natural, pero que en realidad la reduce a una soledad opresora. La plenitud solitaria es una imposibilidad.

La soledad es hoy el gran enemigo de la mujer y, por desgracia, es una de las características prácticamente inherente a las madres en la actualidad. Soledad afectiva, por falta de comprensión generalizada hacia la maternidad y por renuncia a los lazos matrimoniales. Soledad normativa, por falta de leyes que la amparen, favorezcan y apoyen. Soledad ética, por la pérdida de valor social y autoridad moral de las madres. Soledad espiritual, por la ausencia de visión trascendente de la vida. Soledad humana, por la carencia de una familia, en cuya intimidad sentirse aceptado tal y como somos.

LA TRISTEZA DE LA MUJER DE ÉXITO

Friedan, en la década de los cincuenta, se refería a la «tristeza del ama de casa», un malestar indescriptible que experimentaban las madres dedicadas al hogar y que, como se deriva de multiplicidad de estudios de la época, la verdadera causa no era en sí misma la dedicación a la familia, sino su pérdida de identidad al vivir la vida de sus hijos en lugar de la propia. La búsqueda de la «maternidad perfecta» suponía una declinación, a veces patológica, con serios efectos secundarios sobre la salud mental de las mujeres. «Mujeres que pensaban sinceramente que sus hijos se verían trágicamente privados de algo esencial si no estaban ellas ahí presentes y atentas en cada minuto» (B. Friedan, 2020).

Actualmente y en dirección diametralmente opuesta, la analista June Singer habla de un fenómeno extendido en las consultas, un síndrome al que llama «la tristeza de la mujer de éxito», que procede de haber perdido el contacto con nuestra feminidad, en concreto por habernos vuelto individualistas en extremo y haber negado nuestro yo relacional. Es la consecuencia patológica de una autoexplotación voluntaria y autorreferencial olvidando y negando nuestra parte materna.

Mujeres inteligentes y profesionales de éxito, pero deprimidas e infelices. En realidad, son «hombres» de éxito porque han perdido su parte emocional e instintiva femenina. Adquirieron una falsa identidad para sobrevivir en un mundo altamente masculinizado. Otra persona triunfó por ellas, su componente masculino, su yo masculino trabajador, concentrado en su cabeza y en su voluntad y que debe ser puesto en su lugar. Como ironizaba Gloria Steinem: «Algunas de nosotras nos estamos convirtiendo en los hombres con los que nos gustaría casarnos».

Este fue un proceso en cierta medida lógico, una forma de sobrevivir en un mundo masculinizado. Pero ahora, necesitamos volver a una feminidad consciente que incluya, sin renunciar a las virtudes masculinas que hemos desarrollado en las últimas décadas y que sin duda nos enriquecen, una conciencia no culposa de nuestro bagaje natural y la necesidad de convencernos con orgullo del valor de nuestra propia singularidad.

La psicóloga Murdock, como muchas otras terapeutas, conoce por su amplia experiencia profesional un clamor repetido entre mujeres maduras de insatisfacción con los éxitos profesionales logrados; descrita como una sensación de esterilidad, vacío, desmembramiento e incluso de traición a una misma. Estamos ante un nuevo «sentimiento innombrable» impuesto por la actual «mística de la feminidad» hipermoderna, con daños emocionales de los que poco o nada se habla, derivados de haber seguido un modelo masculinizado que nos ha supuesto una escisión interna con nuestra naturaleza femenina más íntima. La sobrerrepresentación de un modelo de feminidad que niega unas especificidades propias y que denigra la maternidad, hace sumamente difícil que una mujer se valore a sí misma de forma equilibrada (2016).

Mujeres que han logrado todo lo que se habían propuesto profesionalmente y que, sin embargo, se sienten vacías, con sensación de soledad y desolación, de haber sido traicionadas, de haberse perdido «algo» (la relación consigo misma, su autoconocimiento, la identificación con su naturaleza, el respeto a su propio cuerpo, la descendencia, la paz interior…). Mujeres que triunfan exteriormente pero que se desangran en su interior.

La actual mística de la feminidad impone y exige la desfeminización de la mujer. Pero, más tarde, la naturaleza, rechazada, reprimida, se hace valer, lucha por manifestarse y surgen las depresiones, la ansiedad, la insatisfacción, la frustración e infelicidad; decepciones en torno a un modo de vida que nos prometió la felicidad y liberación total, pero que nos genera angustia y sensación de vacío. Algo que resulta difícil de admitir por quien lo padece, porque significaría reconocerse como «fracasada» en esta sociedad que mide el éxito por la calidad y cantidad de emociones positivas que seas capaz de engullir a la mayor velocidad posible y exhibir sin pudor en las pantallas, como si la vida fuera una mercancía susceptible de ser expuesta en un escaparate en busca del beneplácito social. Lo que conduce a incrementar el sentimiento narcisista de una misma ante una muchedumbre que aplaude la exhibición impúdica de la vida privada e íntima.

Muchas mujeres perciben que todos sus esfuerzos por alcanzar el éxito se han basado en la necesidad de complacer a otros y dar la talla según los estándares impuestos por una sociedad feminista pero masculinizada, en lugar de seguir sus propios instintos o deseos. También otras mujeres sienten un fuerte temor interno a la inferioridad femenina y se vuelven adictas a la perfección, trabajando más que sus homólogos masculinos para compensar el hecho de no ser varones.

Rechazando lo femenino, inhibimos nuestro crecimiento como mujer, negamos nuestras cualidades innatas e ignoramos lo que nos da satisfacción y sensación de plenitud en la vida. Nos escondimos tras una coraza que nos protegía en nuestro periplo profesional, pero que nos separó de nuestros propios sentimientos, de nuestra parte más dulce y tierna, de nuestra espontaneidad y vitalidad e incluso de una relación positiva con los hombres.

Sin pararnos a pensar en los motivos que nos hacen sentirnos fragmentadas interiormente, cubrimos el malestar con experiencias nuevas (más trabajo u otro trabajo, viajes constantes, experiencias extremas, relaciones sexuales lúdicas, deporte exhaustivo para lograr cuerpos perfectos...); con una vida hiperactiva, siempre en movimiento inquieto, histérico, siempre en permanente cambio, también de ideas y valores, y en soledad. Sin el apoyo que constituía antaño la familia, la práctica religiosa en comunidad o la propia sociedad que se implicaba en el bien común general. Una soledad que nos lleva a la «autoayuda» (ansiolíticos, antidepresivos, consejos en *youtube, mindfulness*) ante la falta de comprensión y apoyos externos.

Buscamos alienadamente cualquier elemento dinámico que nos active de nuevo y evitar así el análisis sereno de nuestra identidad. Cualquier proceso que demande una introspección profunda, como la maternidad, es rechazado frontalmente por suponer un estatismo intolerable que nos asusta.

Hemos experimentado una mutación antropológica y la mujer ha sido desnaturalizada. Mediante una obra de ingeniería social y legal, se nos ha extirpado esa huella materna ineludible que llevamos impresa en nuestro ser por tener capacidad para traer vida al mundo; seamos madres en acto o no (y sin perder de vista que la maternidad no es el fin ineluctable de la mujer). Alegan que es el motivo de nuestra opresión, una debilidad, la tiranía de la procreación. Pero, al eliminar esa parte de la esencia femenina, nos incapacitan para mostrar ternura; maternizar el mundo; desarrollar el genio femenino y la ética del cuidado, que es, además, perfectamente compatible con nuestro desarrollo profesional y personal.

Las mujeres nos hacemos, pero también nacemos. Estamos hechas de cultura, pero mal que le pese a los admiradores de Beauvoir, también estamos hechas de naturaleza. Y esta nos ha diseñado para traer vida al mundo, lo realicemos en acto o no, lo materialicemos o no, tenemos una huella psicológico materna imborrable; esa potencialidad está implícita en cada una de las células de nuestro cuerpo. Y es un poder magnífico, la capacidad de transformar la tierra. Como afirma, Recalcati: «Es el milagro de la generación como corte irreversible en el discurrir del tiempo, como transformación sin retorno de la faz del mundo» (2018). Cada vez que nace un nuevo ser el mundo no vuelve a ser el mismo, progresa, avanza, se renueva, tenemos la oportunidad de comenzar de cero y hacer de este un lugar mejor.

DESCULTURIZACIÓN DE LA MATERNIDAD

En este marco de feminismo antimaternal, algunas mujeres se plantean ser madres en términos muy diferentes a como se venía haciendo en el pasado, cuando el hijo era por lo general el subproducto de la relación sexual amorosa de sus padres. El hijo visto como una carga, un obstáculo a la realización profesional provoca lo que Ceriotti denomina «desviaciones de la maternidad». Recalcati, más contundente, se refiere a «declinaciones patológicas» o «inéditas versiones patológicas de la maternidad».

Estamos ante la sublimación de los deseos en detrimento de la razón, que cede radicalmente ante los sentimientos y emociones autorreferenciales. En estas circunstancias, para satisfacer mis deseos, todo lo técnicamente posible se convierte en moralmente lícito, incluida la renuncia al hijo que llega en un momento inadecuado, que no se adapta a lo que yo había soñado o programado o al que se descubre alguna «tara» o defecto genético —resulta inquietante que osemos distinguir entre la vida que merece ser vivida y la que no—. En este sentido, como señala Habermas, son evidentes las consecuencias discriminatorias de valorar, aunque sea de forma restrictiva, un modo de vida como supuestamente menoscabado (2001).

Aceptar el aborto, sea cual sea el tiempo de gestación, la situación de la madre y la salud del feto, es aceptar un daño irreversible en quien lo experimenta, hiere la raíz misma de la naturaleza femenina, supone una fractura ineludible en el corazón de la feminidad que no deja nunca a ninguna mujer que lo ha sufrido indiferente, como han expresado científicos de diferentes tendencias e ideologías, así como las propias mujeres afectadas. Las consecuencias del aborto no son nunca psicológicamente neutras, genera una sensación de culpabilidad inconsciente que es una auténtica bomba psíquica de efecto retardado que siempre acaba por estallar en algún momento de la vida. Aunque se le haga desaparecer del útero, el bebé quedará instaurado en la mente, oculto en el subconsciente, emergiendo en el momento más inesperado, incluso después de muchos años de haber abortado.

Al respecto, afirma el doctor Aldo Naouri, tras décadas de experiencia: «Puedo dar fe de que no he encontrado jamás a una mujer que haya pasado por un aborto, sean cuales sean las circunstancias o su justificación, que no guarde una huella profunda e indeleble» (2005).

El aborto nada tiene que ver con la «salud reproductiva», sino con la psicológica y espiritual, que queda afectada de por vida. El aborto es un acontecimiento estresante y profundamente traumático para muchas mujeres. Solo el posterior perdón a una misma obrará el milagro, siempre posible, de transformar las cicatrices en poesía, como tantas veces sucede.

Que la mujer se vea avocada al aborto por múltiples circunstancias (presión social, permisividad legal, miedo, desinformación, maltrato, falta de recursos económicos…) es sin duda un fracaso del feminismo y de la igualdad. No hay igualdad para las mujeres que van a ser madre, cuyo valor social parece ser menor al de aquellas que optan por renunciar a la maternidad en beneficio de su desarrollo profesional y libertad personal. Ofrecer, instar, presionar a la mujer para traer muerte al mundo, cuando aquella por naturaleza está orientada de manera especial hacia la vida, es violencia, física y psíquica, contra la mujer.

La maternidad interesada. «Niñofagia» o el hijo como propiedad

En una sociedad hedonista en la que los deseos pueden transformarse en derechos, surge para la mujer la posibilidad de tener hijos en soledad, sin padre (mediante la donación anónima de un gameto masculino), con un fin predeterminado: el deseo de tener compañía en la soledad; encontrar un relleno para vacíos existenciales; la solución a la angustia vital;

que la criatura otorgue un «sentido» a mi vida. El hijo es pensado en el contexto de una proyección individual.

En estos casos, el niño no nace libre, pues la libertad del ser humano requiere un comienzo indisponible y un futuro imposible de anticipar. El hijo buscado de propósito llega al mundo sometido a una relación de dominación, con un destino prefijado de antemano: dar sentido a la vida de quien lo creó. El niño así producido no es educado para llegar a ser él mismo, para ser libre en la determinación de su futuro vital, sino para gratificar el narcisismo de su madre, la mayoría de las veces de forma inconsciente. Hay una gran diferencia entre el hijo que nace libre y el que nace sometido a una relación de dominación, porque este tiene un fin y un destino predeterminado: ser «la prolongación narcisista de mis expectativas fantásmicas» (M. Recalcati, 2023), hacerme compañía en mi soledad o intentar solucionar sufrimientos enterrados en mi subconsciente que, como señalan los expertos, ningún embarazo será capaz de satisfacer.

Cuando los deseos realizados (viajar, salir, éxito profesional, vivir sin responsabilidades, cuidar del físico...) no producen plenitud, podemos caer en la tentación de buscar la solución mediante la satisfacción de un nuevo deseo; en esta ocasión, el deseo del hijo. Estamos ante una visión utilitarista de la maternidad. En este sentido, la Dr.ª Camps subraya que la demanda de tener hijos por vía artificial puede dar lugar a experiencias dolorosas también para la descendencia y sugiere que el objetivo de la reproducción asistida no debería ser la maternidad a toda costa: habría que analizar calmadamente si ese deseo no esconde heridas inconscientes que ningún nacimiento podrá resolver (una rivalidad con sus madres, miedo al abandono de la pareja, presión del entorno social y del reloj biológico, necesidad patológica de autoafirmación...).

En esta etapa histórica actual, en la que los niños son escasos y preciosos, surge con fuerza la idea del «derecho a tener un hijo», en oposición a la del hijo como fruto de la contingencia del amor. Es una idea contraria a la inalienabilidad de la persona, recuerda a la esclavitud por lo que implica de tener derechos sobre un ser humano. La deshumanización de la procreación hace posible para todos la consecución de un hijo. El hijo se reduce a objeto de deseo, acompañado siempre además de una transacción financiera considerable. En estos supuestos, el niño se convierte en un producto de consumo emocional. Una propiedad, violentando la máxima que debe regir la maternidad entendida como hospitalidad sin propiedad. Se vulnera de entrada y sin escrúpulos la libertad del hijo que es en todo caso alteridad y trascendencia en su más pura inmanencia. Como afirma Han: «No se puede amar al otro despojado de su alteridad, solo se puede consumir» (2014).

Cuando el hijo es buscado, provocado de forma programada y planificada hasta el extremo, cuando no se deja nada a la contingencia e imprevisión, el «fantasma de la apropiación de la vida» sobrevuela sobre su gestación. Por desgracia, es algo habitual en la actualidad que el sueño, siempre presente, de la omnipotencia materna se haga terrible realidad. No obstante, este secuestro arbitrario del hijo como «propio» no define en absoluto la maternidad, sino solo a su declinación patológica (Recalcati, 2018).

Además, cuando un hijo es despóticamente «producido», especialmente por técnicas de fecundación artificial, se da lugar, entre otras, a una consecuencia para el hijo indeseada, lo que Habermas califica como un «menoscabo de su autocomprensión moral», pues al crear al hijo mediante un procedimiento tan planificado este resulta sustraído de toda contingencia, espontaneidad o improvisación, que de algún modo existe en el inicio natural de la vida en general; segando así su libertad e hiriendo sus «sentimientos morales» (2001). Con la decisión irreversible que una persona toma respecto a la dotación genética natural de otra persona surge una relación interpersonal desconocida hasta ahora. Por el contrario, la pertenencia no elegida, dispone al ser humano al encuentro no programado y le hace realmente libre.

En este sentido, el Comité de Bioética de España alerta sobre los riesgos que se desprenden de basar una decisión tan relevante en los meros deseos: «Frecuentemente se ha sostenido que el deseo de tener un hijo es la mejor garantía de que será querido y cuidado. Pero no es exactamente así (…) Nuestra sociedad ha tendido a promover la satisfacción de los propios deseos, pero no tanto a asumir las responsabilidades que esos deseos pueden traer consigo (…) aunque exista el deseo y se mantenga firme a lo largo del tiempo, no asegura que el hijo vaya a recibir los mejores cuidados y educación. Para ello, es necesario que ese deseo no sea patológico, inmaduro o egoísta» (2017).

Desear tener un hijo a toda costa representa una «perversión del amor: el hijo, en lugar de ser el indicio de una trascendencia, se convierte en un objeto que niega toda trascendencia». En estos casos, la vida no encuentra hospitalidad y viene al mundo mutilada, disociada del sentido, expuesta a una sensación generalizada de superficialidad e insensatez. Y sobrevuela sobre el hijo el «fantasma perverso que preside la maternidad patológica: poseer, devorar, sofocar a su hijo, reducirlo a objeto propio de su goce» (M. Recalcati, 2018). Nace encadenado a un destino preconcebido: debe satisfacer las expectativas inconscientes de su madre. Nadie debería ser esclavo de los sueños de otro o prisionero de las expectativas, inconscientes o no, ni siquiera de su progenitora. Pues, como diría Paul Sartre, cuando un hijo tiene marcado su destino, ese destino nunca es feliz.

Otro fenómeno desconcertante de la actual sociedad hipermoderna son las madres «arrepentidas»; mujeres que ven a sus hijos como una carga que nunca debieron asumir, una penitencia que ha arruinado sus vidas encadenándolas para siempre a sus vástagos a los que preferirían no haber traído al mundo.

Sienten la maternidad como una molestia insoportable y desearían eliminarla porque les impide dedicar su tiempo y sus recursos a otra cosa. Como señala una de las mujeres entrevistadas en el libro de Donath, *Madres arrepentidas*: «Más bien es una cuestión de tener que renunciar a mi vida. En lo que a mí respecta, es una renuncia demasiado grande». Otra mujer afirma: «No me identifico con ninguna de las cosas que dice la gente (…) Para mí no es más que una carga insoportable (…) si no hubiera tenido hijos, mi vida sería mucho mejor. No tengo la menor duda» (O. Donath, 2016).

La mayoría de las mujeres entrevistadas afirman que fueron madre por presión social. Pero, como afirma Lipovetsky, habría que estar ciego para no ver que la condición de madre es algo más que una forma de sometimiento a unos roles impuestos desde fuera. La relación privilegiada con los hijos reduce la implicación profesional de las mujeres, pero enriquece su vida relacional o emocional; supone un hándicap en la conquista de posiciones jerárquicas, pero dota la existencia de una dimensión de sentido particularmente intensa. En una época histórica y social en la que el momento y la manera de tener hijos, así como su número, se eligen libremente por la mujer, no tiene sentido ver la maternidad como una forma de esclavitud, sino como una decisión libre personal; no como un pesado fardo, sino como un enriquecimiento personal; menos como una carga monótona y aburrida que como una fuente de sentido; menos como una injusticia que recae sobre las mujeres y más como una realización identitaria que no constituye ningún obstáculo para la autonomía individual (2013).

Las mujeres que optan por implicarse en la familia por amor, por supuesto también experimentan sentimientos de ansiedad, agotamiento e incomprensión, pero no sufren sensaciones de pesadumbre y monotonía constantes, de forma cronificada, pues son capaces de encontrar en la repetición de la vida familiar el detalle asombroso, la experiencia de lo nuevo, lo inédito, lo inesperado; abrazan su realidad y aman lo que tienen sean cuales sean las circunstancias. Por el contrario, si vivimos solo en la superficie de las cosas, rechazamos lo que no entendemos, lo que duele, cuesta o nos frustra.

La maternidad tiene momentos difíciles, abrumadores, aburridos, agobiantes; pero lo mismo sucede en el trabajo. Hacer informes o subir datos a una plataforma no es necesariamente más liberador o emocionante que hacer una papilla o cambiar un pañal. Toda opción de vida tiene luces y sombras. Toda decisión supone ganancias y pérdidas.

Y sí, obviamente, hay momentos en que echamos de menos «aquella vida» que teníamos antes de convertirnos en madres, pero al mismo tiempo carecemos de palabras para explicar la sensación de felicidad indescriptible que nos produce la mirada o la sonrisa de nuestros hijos. Una sonrisa, una epifanía. Una mirada, un éxtasis. Una palabra «de trapo», una plenitud inaudita. Y somos conscientes de que la maternidad implica problemas y obs-táculos, pero también de que nos hace mejores. El problema real de fondo es que hemos per-dido la capacidad de amar y, en consecuencia, nuestro umbral de sacrificio está muy debili-tado. El amor vivo excluye por principio la re-nuncia o la resignación. El milagro más propio del amor es hacer de lo mismo, lo nuevo. Las labores repetitivas no se vuelven tediosas y no aniquilan el amor, sino que lo vuelven infinito.

La maternidad es la sublimación del amor

En un marco narcisista y autorreferencial, la relación materno-filial no tiene cabida. La autorreferencialidad solo conduce a la insig-nificancia. Cuanto más quiero ser sin el otro, cuanto más quiero ser el fundamento de mí mismo, más me pierdo y me precipito en la desesperación.

La maternidad, sean cuales sean las dificultades y circunstancias, implica para la mujer una da-ción de sí misma inmensa, pues consiste en la donación del propio cuerpo por amor para que

sea habitado por una alteridad que nos trasciende, llamada a ser autónoma y tener su propia
vida. El encuentro de amor nunca se produce como un reflejo narcisista, sino como una
ruptura del espejo, como experiencia del otro
que diverge de mí; nunca es identificación ni
unificación, sino amor por lo desigual, por lo
diferente, por la alteridad.

La acogida imprevista del hijo concebido «a
la antigua», sobre un lecho conyugal hecho de
amor —no en un laboratorio y, por lo tanto,
no programado— constituye una apertura a
lo nuevo e inédito, nunca exenta de peligros
e imprevistos, pero también de satisfacciones,
sorpresas y alegrías. Y es una actitud muy diferente, incluso opuesta, a la de buscar al hijo a
toda costa o proyectarlo según nuestros sueños
y deseos, tal y como nos permiten los avances
de las biotecnologías. Acoger supone renunciar
a nuestros sueños omnipotentes de control,
aceptar el riesgo, subordinar nuestros proyectos
a una nueva vida —que traspasa y supera nuestros sueños— ceder a mis expectativas y abrir-
me a la sorpresa y a lo imprevisto.

El niño no planificado, el niño «sorpresa»,
será siempre más libre porque, como afirma

Ceriotti, «su vida no está pensada para responder a una necesidad de sus progenitores», lo que permite a aquellos encontrar «la distancia emotiva necesaria para apoyarle y guiarle sin pretender el control de su vida» (2019).

Los textos de la Biblia, en el Antiguo Testamento, muestran sin tapujos las declinaciones de la madre que se apropia de la vida del hijo en el conocido pasaje del juicio del rey Salomón. La madre que cede a la partición del hijo, lo vive como un objeto de su propiedad. Prefiere poseer la vida mortificándola. El derecho de propiedad sobre el hijo le autoriza a caer en la arbitrariedad, capricho insensato, aniquilación y sometimiento. La madre que cede a donar el hijo y que siga vivo, lo vive como una alteridad y es capaz de regalarle su ausencia, la libertad. Para ganar la vida del hijo sabe perderlo. La madre que sabe perder lo que ha concebido es la auténtica madre.

La mujer será enteramente feliz cuando realice plenamente sus potencialidades, renuncie a continuar fragmentada y deje de relegar, postergar, negar y reprimir partes esenciales de sí misma.

Tenemos derecho a una maternidad serena, tranquila, compatible con el desarrollo profesional y personal. A una maternidad descuidada, dulcemente descuidada o imperfecta, en la que el hijo no sea el centro de nuestra vida, no sea la razón de nuestra existencia y que, por ello, permita a la mujer desarrollar también en plenitud, no solo su parte materna, sino asimismo su parte erótica, personal, de pareja, amiga, profesional.

Necesitamos una vuelta a la madre tranquila, que no busca desesperadamente al hijo (cuándo y con las condiciones que ella decide exactamente o que le vienen impuestas por un trabajo alienante y con una perspectiva masculinizada); sino que está dispuesta a acogerlo cuando y como llegue, con todos sus defectos e incluso enfermedades e incapacidades, porque es capaz de ver en estas circunstancias la manifestación de la originalidad de la vida y porque ama al hijo no a pesar de sus imperfecciones, sino precisamente por no ser perfecto, por esas debilidades que nos humanizan.

Necesitamos una sociedad orgullosa de sus madres. Que con medidas imaginativas les permita seguir integradas en el mundo laboral y profesional, sin angustias y ansiedad permanente; que haga posible ser madre y profesional o trabajadora sin que ello implique cronificar el agotamiento. Que valore su generosidad, esfuerzo y sacrificio, pero que sea al mismo tiempo capaz de transmitir la belleza de la maternidad y su inmenso valor; dando a las mujeres que han sido madres todo el apoyo, comprensión, reconocimiento y valoración que merecen, porque el aporte social que hacen estas mujeres valientes y aventureras tiene un valor absolutamente incalculable.

Todos los seres humanos tenemos una faceta trascendente: aspiramos a sobrepasar el aquí y ahora de lo sensible. Este anhelo nuestro, del que no existen ni vestigios en otras especies, comporta vaciarse o llenarse en la realidad de un modo que no tiene que ver con nuestras otras experiencias y necesidades. Las mujeres, mediante la procreación y crianza de los hijos, buscamos alguna forma de ultimidad, porque este mundo se nos queda pequeño y algo tira de nosotros hacia lo sublime, nos elevamos por encima de nosotros mismos; optamos a lo infinito. Al trascender cedemos gozosamente ante un poder que se nos impone. Atisbamos una grandeza indecible y nos entregamos en un plano que no es biológico ni social ni afectivo, en un nivel que tiene sus propias hechuras y reglas. «Trascender es afrontar lo indescifrable» (D. Cerdá 2023). Y los hijos sin duda lo son.

Pero también, en general, debemos ser capaces de devolver la ternura a este mundo deshumanizado, brindar atención a lo pequeño, débil y en apariencia insignificante, volver a maravillarnos por lo extraordinario de lo ordinario, extasiarnos con la normalidad, ser heroicos ante el cumplimiento de los deberes más simples, seguir siendo humanos —con ayuda de lo sobrenatural—, ser capaces de ver la poesía en las repeticiones del día a día, defender una ecología integral, participar de la inmensa belleza de todo lo aparentemente nimio del mundo y estar dispuestos a brindar una mirada maternal hacia cualquier individuo que necesite cuidados o atención.

Necesitamos «maternizar» esta sociedad tan erosionada. Este cambio solo puede venir originado por las mujeres. Pero para ello es imprescindible que adquieran una conciencia no culposa de su naturaleza «que irradia maternidad», y que generosamente vuelvan a amar la vida y a amarse a sí mismas. La fuerza moral de una mujer que ama posee una enorme energía sanadora, así como una belleza y una potencia inconmensurables, capaces de rehumanizar el mundo; devolverle la dignidad de lo misterioso, lo bello, lo sublime.

LA URGENCIA DE VOLVER
A SER HUMANOS

Como señala Hadjadj, el hombre y la mujer poseen igual naturaleza humana, y en eso son semejantes, pero cada uno de ellos la lleva a la perfección por caminos diferentes, y en eso su disimilitud es de lo más sorprendente, porque se presenta en la igualdad misma, desarrolla una separación en la unidad, despliega una alteridad personal en la identidad de naturalezas (2015). Decir que somos una construcción social es una mentira que contradice la ciencia y la verdad. El poder de lo inauténtico es inmenso en estos días. Nadie está bien cuando vive en el autoengaño, porque se trata de una vida que no se vive plenamente, ya que se desvió del plan de la realidad.

Ha llegado el momento de volver a defender lo humano y, en consecuencia, aprender de nuevo a amar. «Quien intenta desentenderse del amor se dispone a desentenderse del hombre en cuanto hombre» (Benedicto XVI). Y, como decía Chesterton, luchar por prodigios visibles, como si fueran invisibles. Lo que implicará un especial esfuerzo por olvidarnos de nosotros mismos, pues en las últimas décadas nos hemos ensimismado, hemos sublimado los deseos hedonistas y hemos desechado toda relación que pueda ocasionar molestia, pérdida de tiempo para uno mismo o freno a mis proyectos personales y profesionales.

Es urgente que volvamos a ser humanos. Que nos abramos a la amplitud de la razón, a la plenitud del amor y a la infinitud de la trascendencia. El autoconocimiento solo es posible donde hay amor. Es urgente por ello que la mujer y el varón aspiren a la introspección, querer ser quienes son, aceptando también las debilidades y culpas. Y asumir el compromiso de ser fiel a uno mismo. En la raíz de todo está el acto de aceptarme a mí mismo; mujer y varón hechos de cultura, pero también de naturaleza. La claridad y la valentía de esta aceptación constituyen la base de toda la existencia (R. Guardini, 2023).

Así como para concebir una vida, hombre y mujer proveen elementos propios, intransferibles e irreemplazables desde la perspectiva biológica, en el acompañamiento de esa vida hacia la consagración de sus potencialidades también ambos son necesarios por igual y ambos hacen aportes diferentes, únicos, intransferibles e irreemplazables. Un padre presente alivia la tarea materna sin reemplazarla, sino complementándola. Y equilibra los espacios de poder en la pareja y en la familia. Agrega otras visiones del mundo, socializa, aviva la curiosidad de los hijos, estimula la imaginación, conecta con la diversidad, permite descubrir diferentes modos de estudiar, de jugar, de conversar, de interactuar y, además, los autoriza. El verdadero respeto entre los sexos solo es posible entre personas que se reconocen de igual valor, y esa es la base de la amistad. El amor entre un hombre y una mujer necesita que se cultive esa amistad que considera al otro igual a uno mismo, respeta su diversidad y precisamente en esta diversidad sabe interpretar la mayor oportunidad recíproca (M. Ceriotti, 2019).

Debe iniciarse una nueva lucha por la igualdad que defienda el reconocimiento social y respeto hacia la feminidad y la masculinidad. Hombres y mujeres somos iguales en derechos, deberes, dignidad, humanidad y, como ha demostrado la ciencia, también en promedio de inteligencia. En la sociedad actual es de justicia que las mujeres se realicen profesionalmente hasta donde ellas deseen y que los hombres se comprometan a fondo en la crianza, educación de los hijos y labores del hogar. Pero este arduo y dificultoso camino hacia la igualdad no debe suponer nunca la negación de nuestras especificidades en cuanto hombres y mujeres.

Se necesita una renovada investigación antropológica que incorpore los nuevos progresos de la ciencia y las actuales sensibilidades culturales, contribuyendo de este modo a profundizar no solo en la identidad femenina, sino también en la masculina, que actualmente es objeto de reflexiones parciales e ideológicas. La relación hombre-mujer en su respectiva especificidad, reciprocidad y complementariedad constituye, sin duda, un punto central de la «cuestión antropológica», tan decisiva en la cultura contemporánea. Ante corrientes culturales y políticas que tratan de eliminar, o al menos de ofuscar y confundir, las diferencias sexuales inscritas en la naturaleza humana considerándolas como una construcción cultural, es necesario recordar cómo la naturaleza humana y la dimensión cultural se integran en un proceso amplio y complejo que constituye la formación de la propia identidad, en la que ambas dimensiones, la femenina y la masculina, se corresponden y complementan.

Las mujeres necesitamos al hombre para afirmar y comprender nuestra feminidad. Y ellos nos necesitan para afirmar y comprender su masculinidad. El enfrentamiento entre los sexos es antinatural y completamente contrario a las necesidades humanas básicas y a nuestra biología y solo conduce a la frustración, al conflicto, a la confusión y a la infelicidad. Las diferencias no expresan minusvalía, antes bien, debemos conseguir la equivalencia de lo diferente. La capacidad de reconocer las diferencias es la regla general que indica el grado de inteligencia y cultura del ser humano.

La mujer y el hombre, cada uno desde su perspectiva, realiza un tipo de humanidad distinto, con sus propios valores y sus propias características y solo alcanzará su plena realización existencial cuando se comporten con autenticidad respecto de su condición, femenina o masculina. Como afirma Allison Jolly, primatóloga de la Universidad de Princeton, «solo comprendiendo su verdadera esencia, la mujer y el hombre podrán tomar el control de su vida».

Una sociedad como la actual, reacia a cooperar, al afecto materno y al autosacrificio por los descendientes es, como señala Scruton, disfuncional y, por ello, llamada a desaparecer (2018). Pero una sociedad sin padres es una sociedad sin Ley (la ley simbólica de la familia que establece el orden de filiación) y sin límites, por lo tanto, es una sociedad sumida en el caos. Por ello, el cambio de paradigma resulta urgente y debe asentarse sobre un cambio de actitud individual y social ante la maternidad y la paternidad.

Sin embargo, el rumbo actual se antoja difícil de rectificar en un corto plazo (han sido demasiados los años de influencia negativa del feminismo radicalizado con la desculturización de la maternidad y la paternidad que ha implicado) y deberá venir principalmente de la mano de las mujeres, motor de generación del cambio social. Primero, viviendo una maternidad propia, digna y transformadora, asumiendo su naturaleza y tomando las riendas de su destino de forma libre de toda presión ambiental, de los cánones de belleza y éxito establecidos, de las dificultades del ámbito laboral y profesional, libres de las insolentes pretensiones de aquellos que quieren rediseñarnos andróginos (lo que llevará al colapso del ecosistema humano) o de los que pretenden rescatarnos de la feminidad y la maternidad. Y segundo, dejando entrar al padre en el hogar, como lo que es, un hombre, mezcla de ternura y fortaleza, con un estilo masculino paternal propio y diferente que enriquece el estilo femenino maternal. Solo así, retomando el asombro por el otro sexo y volviendo a un amor verdadero, seremos capaces de dar el único legado válido que podemos dejar a nuestros hijos y que es, como decía el poeta Goethe, raíces y alas.

Porque la familia es donde nuestros hijos adquieren un sentido de pertenencia, dignidad y una identidad estabilizante. La vida humana exige raíz, pero también rebelión; lazos familiares, pero también su disolución. Pertenencia y errancia, procedencia y porvenir, raíces y alas, definen los dos polos de la subjetividad humana: «pertenencia» como tendencia a la identificación, a formar parte de una comunidad, a estar juntos, arraigar en una cultura de grupo; y «errancia» como viaje que separa, que crea la experiencia propia, que libera, que diferencia. Padre y madre somos su roca y su campamento base, pero la exigencia de los hijos de diferenciación y distanciamiento es absolutamente legítima. Somos sus custodios, pero debemos regalarles la aventura; aunque no les comprendamos, porque los hijos siempre son un enigma indescifrable. Pero el regalo más sublime que por amor podemos concederles es la libertad. Libertad para su diferenciación, para que se caigan, se equivoquen, fracasen, superen obstáculos, en definitiva, para que saboreen la experiencia del desierto que es profundamente transformadora.

Saber dar raíces al hijo, para que pueda volar en libertad cuando llegue el momento, es la misión de mayor impacto y responsabilidad que puede experimentar una madre y un padre. En esta tarea, la familia constituye un elemento imprescindible. Una familia siempre imperfecta, pero en la que es más sencillo enfrentar la adversidad y en la que encontraremos el norte, la roca, el puerto, el campamento base en el que descansar y recuperar esa fuerza que solo el amor sincero puede darnos, sean cuales sean las dificultades de la vida.

BIBLIOGRAFÍA

A. Jaggar, *Relaxing the Limits on Preferential Treatment*, Social Theory and Practice, 1977.

A. Naouri, *Padres permisivos, hijos tiranos*, Ediciones B, 2005.

A. R. Kipnis, *Los príncipes que no son azules... o los caballeros sin armadura*, ed. Vergara, 2014.

A. Von Hildebrand, *El privilegio de ser mujer*, ed. Eunsa, 2022,

B. Friedan, *La mística de la feminidad*, novena edición, Ediciones Cátedra, 2020.

B-Chul Han, *La agonía del eros*, ed. Herder, 2014.

B-Chul Han, *La desaparición de los rituales*, ed. Herder, 2022.

B-Chul Han, *La salvación de lo bello*, ed. Herder, 2022.

B-Chul Han, *La sociedad del cansancio*, ed. Herder, 2023.

C. Risé, *El padre. El ausente inaceptable*, ed. Tutor, Psicología, 2006.

D. Cerdá, *Empujados a lo sublime*, Nuestro Tiempo, revista cultural y de cuestiones actuales, número 716, 2023.

D. Murray, *La masa enfurecida. Cómo las políticas de identidad llevaron al mundo a la locura*, ed. Península, 2020.

E. Stein, *Psychische Kausalität*, 1922.

F. Hadjadj, *¿Por qué dar la vida a un mortal? Y otras lecciones*, ed. Rialp, 2020.

F. Hadjadj, *¿Qué es la familia? La trascendencia en paños menores*, ed. Nuevo Inicio, 2015.

G. Carriquiry Lecour, "La dignidad, razonabilidad y belleza de ser cristiano. Implicaciones para la Universidad", Lectio inauguralis del año académico 2012.

G. Kuby, *La revolución sexual global. La destrucción de la libertad en nombre de la libertad*, ed. Didaskalos, 2017.

G. Lipovetsky, *El imperio de lo efímero*, ed. Anagrama, 2006.

G. Lipovetsky, *La tercera mujer*, ed. Anagrama, 2013.

G. Puppinck, *Mi deseo es la Ley. Los derechos del hombre sin naturaleza*, 2020

H. Marín, *El hombre y sus alrededores. Estudios de filosofía del hombre y de la cultura*, Ediciones Cristiandad, 2013.

H. Rosin, *The End of Men, and the Rise of Women*, ed. Penguin, 2012.

I. Mortari, *Cuidarse. Una ética de la delicadeza*, ed. Encuentro, Colección nuevo ensayo, n. 94, 2022.

J. Habermas, *El futuro de la naturaleza humana, ¿Hacia una eugenesia liberal?*, Biblioteca del presente, n.20, ed. Paidós, 2001.

J. Ruiz, *Incompletos. Filosofía para un pensamiento elegante*, ed. Destino, 2023.

J. Schlatter, *De tal palo. Una mirada desde el corazón del hijo*, ed. Rialp, 2019.

J. P. Winter, *El futuro del padre. ¿Reinventar su lugar?*, ed. Didaskalos 2020.

L. Mortari, *Cuidarse. Una ética de la delicadeza*, ed. Encuentro, 2022.

L. Brizendine, *El cerebro femenino*, ed. RBA, 2007. El cerebro masculino, ed. RBA, 2010

L. Zoja, *El gesto de Héctor. Prehistoria, historia y actualidad de la figura del padre*, ed. Taurus, 2018.

M. Ceriotti, *Erótica y materna. Un viaje al universo femenino*, ed. Rialp, 2019.

M. Ceriotti, *Masculino. Fuerza, eros, ternura*, ed. Rialp. 2019.

M. Ceriotti, *Perfectos imperfectos*, ed. Rialp, 2023.

M. Eberstadt, *Gritos primigenios, Cómo la revolución sexual creó las políticas de identidad*, Rialp, 2020.

M. Gudín, *Cerebro y afectividad*, ed. EUNSA, 2001

M. Gurian, *¿En qué estará pensando?*, ed. Urano, 2004.

M. Murdock, *Ser mujer. Un viaje heroico*, ed. Gaia Ediciones, 2016.

M. Onfrey, *Decadencia, segundo volumen de la obra, Breve enciclopedia del mundo*, ed. Paidós, 2018.

M. Recalcati, *¿Existe la relación sexual?*, ed. Herder, 2023.

M. Recalcati, *¿Qué queda del padre? La paternidad en la época hipermoderna*, ed. Xoroi Edicions, 2015.

M. Recalcati, *El complejo de Telémaco. Padres e hijos tras el ocaso del progenitor*, ed. Anagrama, 2013.

M. Recalcati, *La fuerza del deseo*, ed. Spirito, 2018.

M. Recalcati, *Las manos de la madre. Deseo, fantasmas y herencia de lo materno*, ed. Anagrama, 2018.

M. Recalcati, *Ya no es como antes. Elogio del perdón en la vida amorosa*, ed. Anagrama, 2014.

O. Donath, *Madres arrepentidas. Una mirada radical a la maternidad y sus falacias sociales*, ed. Reservoir Books, 2016.

O. Poli, *Corazón de padre*, ed. Palabra, 2012.

R. BLY, *Iron John, A Book about Men*, ed. Addison-Wesley, 1990.

R. GUARDINI, *Aceptarse a uno mismo. Solo quien sabe de Dios conoce al hombre*, ed. Rialp, 2023.

R. NEUBURGER, *Existir. El más íntimo y frágil de los sentimientos*, ed. Kairós, 2020.

R. REDEKER, *Los centinelas de la humanidad*, ed. IVAT, 2019

R. SCRUTON, *Cómo ser conservador*, ed. Homo Legens, 2020.

R. SCRUTON, *Sobre la naturaleza humana*, ed. Rialp, 2018.

S. SINAY, *Misterios masculinos que las mujeres no comprenden*, ed. Del Nuevo Extremo, 2001.

S. SINAY, *Ser padre es cosa de hombres*, ed. Del Nuevo Extremo, Argentina, 2012

Z. BAUMAN, *Amor líquido. Sobre la fragilidad de los vínculos humanos*, ed. Paidós, 2018.

ESTE LIBRO, PUBLICADO POR
EDICIONES RIALP, S.A.,
MANUEL URIBE 13-15, 28033 MADRID,
SE TERMINÓ DE IMPRIMIR EN
ANZOS, S. L., FUENLABRADA (MADRID),
EL DÍA 17 DE MARZO DE 2025.